初中数学应用能力提升策略研究

杜银平 著

北京工业大学出版社

图书在版编目（CIP）数据

初中数学应用能力提升策略研究 / 杜银平著. — 北京 ： 北京工业大学出版社，2021.10重印
ISBN 978-7-5639-7162-6

Ⅰ. ①初… Ⅱ. ①杜… Ⅲ. ①中学数学课－教学研究－初中 Ⅳ. ① G633.602

中国版本图书馆 CIP 数据核字（2019）第 272082 号

初中数学应用能力提升策略研究

著　者:	杜银平
责任编辑:	李俊焕
封面设计:	点墨轩阁
出版发行:	北京工业大学出版社

（北京市朝阳区平乐园 100 号　邮编：100124）

010-67391722（传真）　bgdcbs@sina.com

经销单位: 全国各地新华书店

承印单位: 三河市元兴印务有限公司

开　本: 710 毫米 ×1000 毫米　1/16

印　张: 7.5

字　数: 150 千字

版　次: 2021 年 10 月第 1 版

印　次: 2021 年 10 月第 2 次印刷

标准书号: ISBN 978-7-5639-7162-6

定　价: 39.00 元

前　言

新时期，素质教育之风吹向了教学领域的各个学科，初中数学作为一门实践性极强的基础性学科，更应当率先响应素质教育的号召，通过大刀阔斧的教学改革，培养初中生的数学应用意识，提高初中生的数学应用能力。

事实上，数学应用意识本来就是一个人数学素养的重要组成部分，能够利用书本中的数学知识解决实际生活中的问题才是数学学习的最终目的，运算、推理、分析、制表、绘图等都是其中的重要手段。数学应用能力并不局限于计算能力、逻辑思维能力、空间想象能力等，更重要的是运用数学思维提出问题、分析问题、解决问题的能力。在初中数学教学中，应用能力的培养是整个教学过程中的薄弱环节，大部分初中生数学应用意识不强，数学应用能力有限，对数学基础知识的掌握也存在漏洞，让初中生通过"学数学"实现"用数学"，已经成为当前初中数学教学亟待解决的问题。

基于当前初中数学应用能力培养的现状，越来越多的学者开始对此展开研究，力图通过初中数学教学内容与教学方法革新等措施，提高初中生的数学应用能力。以初中数学应用能力为切入点的相关研究著作不胜枚举，《初中数学应用能力提升策略研究》就是其中较为出色的一本。本书首先介绍了数学应用能力的概况，包括影响因素、理论基础、研究综述等。其次从数学应用意识的基本内容入手，进一步探讨了初中数学应用意识与应用能力的关系及其培养中存在的问题以及培养途径。最后对初中数学应用能力的具体提升策略展开详细分析：一是数学建模小组，在介绍数学建模相关概念的基础上，研究了初中数学建模教学的现状、原则、方法，同时列举了具体的教学案例；二是自主学习，一方面阐述了基于自主学习的初中数学教学模式，另一方面结合案例分析了信息技术时代初中数学自主学习中教师教和学生学的策略；三是翻转课堂教学法，主要探讨了基于翻转课堂的初中数学教学设计与实施；四是学生创新能力与创造性思维的培养，强调了中学生创造性思维培养的重要性，对初中数学创新能力的培养策略予以分析。

通览全书，主要表现出以下两大特点。

第一，结构合理。根据上述对全书内容的介绍可知，本书的结构为：数学应用能力概述—初中数学应用意识及培养途径—初中数学应用能力提升策略详述，这样的内容结构有利于读者在通读全文后建立起有关初中数学应用能力提升的知识框架，从而加深对初中数学应用能力提升的认识。

第二，注重理论与实践的结合。枯燥乏味是研究性著作的通病，大篇幅的理论阐释只会打击读者的阅读兴趣，让他们失去阅读热情。因此，本书在介绍初中数学应用能力的提升策略时，不但对相关概念进行了阐释，还结合案例分析了相关策略的具体应用。如此一来，读者阅读的积极性大幅提高，本书的实用性也得以增强。

本书在撰写过程中得到了众多学者的支持和鼓励，同时参考和借鉴了有关专家、教研人员的研究成果，在此表示诚挚的感谢。另外，由于作者对初中数学应用能力提升的研究深度有限，加之时间仓促，对其策略的剖析也难免存在疏漏与不足之处，恳请广大读者批评指正。

目　录

第一章　数学应用能力概述 ……………………………………………… 1

第一节　数学应用及数学应用能力 ……………………………… 1

第二节　数学应用能力的影响因素 ……………………………… 2

第三节　数学应用能力研究的理论基础 ………………………… 5

第四节　数学应用能力研究综述 ……………………………… 11

第二章　初中数学应用意识及培养途径 ……………………………… 19

第一节　数学应用意识概述 …………………………………… 19

第二节　初中数学应用意识培养中存在的问题 ……………… 21

第三节　初中数学应用意识培养途径研究 …………………… 25

第三章　初中数学应用能力提升策略之一 —— 数学建模小组 ……… 39

第一节　数学建模相关概念 …………………………………… 39

第二节　数学建模思想融入初中数学教学的理论基础 ……… 42

第三节　初中数学建模教学现状分析及建议 ………………… 45

第四节　初中数学建模教学的原则及方法 …………………… 48

第五节　初中数学建模教学案例分析及思考 ………………… 52

第四章　初中数学应用能力提升策略之二 —— 自主学习 …………… 55

第一节　自主学习概述 ………………………………………… 55

第二节　基于自主学习的初中数学教学模式 ………………… 61

第三节　信息技术时代初中数学自主学习中教师教和学生学的策略 … 65

第四节　初中数学自主学习案例分析 ………………………… 69

第五章　初中数学应用能力提升策略之三 —— 翻转课堂教学法 …… 71

第一节　翻转课堂概述 ………………………………………… 71

第二节　基于翻转课堂的初中数学教学设计 ………………… 77

第三节　基于翻转课堂的初中数学教学实施 ……………………… 84

第六章　初中数学应用能力提升策略之四

　　　　——学生创新能力与创造性思维的培养 ……………… 89

第一节　创新能力概述 ……………………………………………… 89

第二节　初中数学教学中学生创造性思维的培养 ………………… 91

第三节　初中数学创新能力培养策略 ……………………………… 100

第四节　竞赛数学在初中数学应用能力培养中的作用 …………… 104

参考文献 ……………………………………………………………… 109

第一章 数学应用能力概述

社会的发展与进步，使得数学深入科学技术生产和生活的各个方面，具有广泛的应用性，数学教学不仅要教给学生数学知识，更重要的在于培养学生数学应用能力和应用意识，让他们学会用数学的理论、思想方法、分析解决各类问题。我国目前进行的教育改革，中学数学的教学目标非常注重发展学生的数学应用能力。然而，我国学生在数学应用方面欠缺较大，其中存在的主要问题是，对数学的应用价值认识不足，用数学的意识差，数学应用能力薄弱等。如何加强数学应用教学，增强学生的数学应用价值观，形成数学应用意识，提高数学应用能力，让学生学会并掌握用数学的思想方法分析问题、解决问题，成为数学教育研究的重要课题。本章将围绕数学应用能力的相关内容展开研究。

第一节 数学应用及数学应用能力

一、数学应用

薛茂芳认为"凡属理论的具体化过程，即沿着理论的诠释方向，把理论、一般意义具体于某些具体对象，并以此为依据，使实际问题获得解决的过程叫作应用"。[1]

"数学应用是指应用数学知识和数学的思想方法去解决学习乃至生产、生活中的各种实际问题的过程，它包括数式的运算、推理、分析、估计、绘图、制表、符号变换、优化方案等诸多方面"。因此，它对数学能力的要求不仅是要具有运算能力、空间想象能力、逻辑思维能力，还要看是否具备数学的抽象能力，是否能够数学化地提出问题、分析问题，并且运用所学的知识和技能解决这些实际问题，形成解决问题的基本策略是能否运用数学知识提出新颖的思想方法创造性地解决实际问题。

---

[1] 薛茂芳. 数学教育与国民素质 [J]. 数学教育学报，1994（2）：18-25.

数学的应用主要体现在两个方面。一方面是数学的内部应用，也就是运用已有的数学知识和数学思想方法去解决新的数学问题。我们平常对数学基础知识系统的教学、学习，就是在进行数学的内部应用。另一方面是数学的外部应用，也就是指数学知识在科研、生产、社会生活等实际问题中的应用。这两个方面都是重要的。但由于前者在课堂教学中普遍存在，所以本书所说的数学的应用主要是指后者。

二、数学应用能力

在心理学中，能力是指人顺利地完成某种活动所必须具备的心理特征，能力总是和人的某种活动相联系并表现在活动中的，能力的大小也只有在活动中才能加以比较。能力和知识、技能之间是相互联系的，一方面，能力是在掌握知识、技能的过程中形成和发展起来的。离开了学习和训练，任何能力都不可能形成，更不可能得到发展。另一方面，掌握知识、技能又是以一定的能力为前提的。能力制约着掌握知识、技能的难易、速度和巩固程度。知识、技能的掌握会导致能力的提高或新能力的发生。同时能力和知识、技能之间又有区别，知识、技能不同于能力。个人所掌握的知识就是信息在头脑中的储存。技能是个人掌握的动作方式，获得了知识和技能不等于拥有能力。在教学过程中，教师不仅要向学生传授知识，而且要注重对能力的培养。这样才能使他们更好地去接受新知识，发现新问题，进行创造，成为有创造能力的一代新人。

数学能力是与数学活动相适应的，保证数学活动顺利完成所具备的稳定的个性心理特征，它是在数学活动的过程中形成和发展起来的，并主要在这类活动中表现出比较稳定的心理特征。数学应用能力属于数学能力，可以看作运用数学分析、解决实际问题的能力。所谓解决实际问题的能力是指，会提出、分析和解决带有实际意义的或在相关学科、生产生活和日常生活中的数学问题。

第二节　数学应用能力的影响因素

一、数学阅读能力

数学应用问题文字叙述冗长，有的是"小文章"式的论述题型，因此阅读是解决实际问题时无法回避的。数学应用题不仅要培养学生对日常语言的理解，而且要培养学生对数学语言符号阅读、理解、运用和转换的能力。数学阅读能力包括以下四个方面。

（一）数学语言解码能力

在数学应用问题中考查阅读能力的重点是语言的转化能力。在阅读问题中需要我们深刻理解文字叙述内容，快速准确地将文字语言、符号语言、图形语言相互转化，还要对特殊的词语理解、辨析。因为数学应用问题中包含生产实际常识、必要的字母变量符号及相关制约因素。如税利、翻一翻、不超过等术语这些都是学生不太熟悉的，从数学课本中找不到相应的定义。这就需要我们将新信息与长时记忆的信息联系起来，从而对新信息进行理解。

（二）重新排列数学问题各量顺序能力

数学应用问题所提供的各方面信息，有的是直接给出的，有的是间接给出的（隐含条件）。各类条件交叉混合出现，呈现一种网络状模糊混杂的分布状态。这就需要解题者能够寻找在数学应用题空间中蕴含着的中间环节，以丰富而系统化的知识为基础，挖掘中间不提示的未知参数或中间变量，增强数学应用问题的透明性。再将各种已知量及未知量（包括挖掘出的隐含条件）用一种新方式、新格局重新组起来，把数学应用问题模糊复杂网络关系线性化、顺序化，使之从无序状态转变到有序状态。

（三）数学应用问题模式辨认能力

从具体数学应用题的文字语言情境中，我们获得各种有用信息，经过信息加工、重组再生，与记忆储存中有关的解题依据相结合，辨认出该题的类型。

（四）数学应用题题感能力

在学习语文、外语、音乐时，我们常碰到语感、乐感等问题。与此类似，我们在阅读数学应用问题时，根据已有的解题经验和已掌握的材料信息，要对问题有整体性的认识，预感成功的解题思路，也即数学应用题题感能力。它的一个重要组成部分是美感。熟谙数学美，能以美启真，以美寻真，能够从题意中领悟到审美感受，从而随之产生解题的意向。

二、建立数学模型的能力

现代高科技越来越表现为数学技术，数学也将成为人们交流必不可少的一种语言。人们对实际问题模型化及运用模型解释生活现象、解决实际问题的要求也越来越高了。近年来全国中考利用数学应用题考查学生分析解决实际问题的能力，其中的核心是建立数学模型能力。

数学模型是针对或参照某种事物系统的特征或数量相依关系，采用形式化数学语言，概括或近似地表述出来的一种数学结构，这种数学结构应该是借助数学概念和符号刻画出来的某种系统的纯关系结构。所谓纯关系结构是指已经扬弃了一切与关系无本质联系的属性后的系统而言的。在这里针对数学应用题，我们主要研究那些反映了特定问题或特定的具体事物系统的数学关系结构，即联系一个系统中各类变量间内在关系的数学表达。它包括以下两方面的内容。

（一）分析数据，发现关系

由于数学应用问题中数量关系分散，已知与未知之间的联系没有纯数学问题那样简明，因此在理解题意的基础上，需要我们把有关的数量关系找出来。数学应用题中充满了关系，如用两种方法计算同一问题的思想和技术建立等量关系；通过比较问题中的两个量建立不等关系；概括各量之间相应的变化规律，建立函数关系。如果找不到已知量与未知量的直接关系，那么就要考虑一个或几个辅助问题，建立辅助问题的各种关系式，为解决原问题奠定基础。在这个过程中需要分析处理各种数据，重新排列各量顺序，扬弃次要因素，确定问题的主要矛盾。它既含有在已知条件下辨认出一种熟悉的有用的关系，又含有创造性地发现一个新关系。

（二）将数学应用题抽象成数学模型

解决数学应用问题就是根据其数量关系构造出相应的数学模型（即纯数学问题），再利用有关的数学工具解决它。构造数学模型是一种数学抽象，也即应用纯粹的数学语言（数学概念、符号、命题、公式等）对客观事物的量性特征进行刻画。这种抽象的目的是希望能获得这样的数学结构：相对于原型而言，它具有化繁为简、化难为易的作用，并能反映事物的本质，从而我们就可以通过纯粹的数学研究（演算、证明、推理等）去解决相应的数学问题。

解决数学应用题的关键在于建立数学模型。建立数学模型不是唯一的，需根据实际问题，本着合理、适用、便于求解和检验为原则，选择、建立适当的数学模型。

三、近似计算与估算的能力

数学应用题来源实际，贴近日常生活，其中的数据及最后计算出的结果并不一定与平常学生解决的纯数学问题的数据一样。平时学生习惯于解纯数学问题，它们的数据多为易计算的数，而且计算过程也不是很繁杂的；但数学应用题根据问题本身的实际背景出示各种数据，有时数据会带根号、对数、多位小数、无理数、乘方等。此时数学应用题不仅需要一般的运算能力，还需要近似计算与估算能力。而近似计算能力和估算能力也正是学生的弱项。

数学的作用在于根据实际问题的要求确定一定的计算精度，估计计算过程中的误差，并对误差加以控制，在此体现数学的应用价值。我们应该使学生探索各种估计策略，能够估计结果的合理性，在运算中合理使用估计。同时让学生明白精确并不总是比近似好。在计算中，比测量精度更精确的数值是没有实际意义的，有时精确是不可能的，甚至是荒谬的。

四、检验、讨论与评价的能力

经过计算得出的结果是针对纯数学问题，它是否满足原来的实际问题呢？这需要进行检验，检验它是否满足实际情况。日常的数学教学中，我们要培养学生学会检验并形成检验的习惯。

数学应用题的条件适当，结论单一是不符合实际的。同时数学应用题可能是开放探索型问题，需要解题者从多方面讨论。目前学生在这方面能力很低，这就要求学生掌握讨论问题的特征，能够根据数学应用问题提供信息，运用所学的数学方法完成分类讨论。在教学中我们要渗透分类思想，绝对值问题、一元二次方程根的问题、空间直线位置关系问题、含字母系数的不等式问题、分段函数问题等都蕴含着丰富的分类思想，充分利用好这些材料，使学生学会解决分类讨论问题。最后，还要对已解决问题进行分析与评价，及时发现自己的错误，并能够修正。

第三节　数学应用能力研究的理论基础

一、建构主义学习理论

建构主义也译作结构主义，其最早提出者可追溯至瑞士的皮亚杰。他是认知发展领域最有影响力的一位心理学家，坚持从内因和外因相互作用的观点来研究儿童的认知发展。他认为，儿童是在与周围环境相互作用的过程中，逐步建构起关于外部世界的知识，从而使自身认知结构得到发展[1]。儿童与环境的相互作用涉及两个基本过程：同化与顺应。同化是指把外部环境中的有关信息吸收进来并结合到儿童已有的认知结构（也称"图式"）中，即个体把外界刺激所提供的信息整合到自己原有认知结构内的过程；顺应是指外部环境发生变化，而原有认知结构无法同化新环境提供的信息时所引起的儿童认知结构发生

① 张奠宙，宋乃庆.数学教育概论 [M].北京：高等教育出版社，2004.

重组与改造的过程，即个体的认知结构内外部刺激的影响而发生改变的过程。

建构主义认为，知识不是通过教师传授得到的，而是学者在一定的情境即社会文化背景下，借助其他人（包括教师和学习伙伴）的帮助，利用必要的学习资料，通过意义建构的方式而获得。[①] 由于"学"是在一定的情境即社会文化背景下，借助其他人的帮助即通过人际间的协作活动而实现的意义建构过程，因此建构主义学习理论认为"情境""协作""会话"和"意义建构"是学习环境中的四大要素或四大属性。其中"情境"是学习环境中的情境，必须有利于学生对所学内容的意义建构。这就对教学设计提出了新的要求，也就是说，在建构主义学习环境下，教学设计不仅要考虑教学目标分析，还要考虑有利于学生建构意义的情境的创设问题，并把情境创设看作教学设计的重要内容之一。学习总是与一定的社会文化背景即"情境"相联系的，在实际情境下进行学习，可以使学习者能够利用自己原有认知结构中的有关经验去同化和索引当前学习到的新知识，从而赋予新知识以某种意义；如果原有经验不能同化新知识，则要引起顺应过程，即对原有认知结构进行改造与重组。总之，通过同化与顺应才能达到对新知识意义的建构。在传统的课堂讲授中，由于不能提供实际情境所具有的生动性、丰富性，因而将使学习者在对知识的意义建构过程中遇到困难。

建构主义提倡在教师指导下的、以学习者为中心的学习，既强调学习者的认知主体作用，又不忽视教师的指导作用。教师是意义建构的帮助者、促进者，而不是知识的传授者与灌输者；学生是信息加工的主体、是意义的主动建构者，而不是外部刺激的被动接受者和被灌输的对象。因此在教学活动中应充分地"以学生为中心"，充分发挥学生的主动性，让学生有更多的机会在不同的情境下应用他们所学的知识，在活动中形成对客观事物的认识，获得解决实际问题的能力。

二、弗赖登塔尔的数学教育思想

荷兰数学家、数学教育家弗赖登塔尔是国际上知名的数学教育方面的权威学者。作为一位数学家，弗赖登塔尔在 20 世纪 30 年代就享有盛誉，从 20 世纪 50 年代起就逐渐转向数学教育的研究，形成了他自己的独到的观点。他的数学教育理论与思想，完全从数学教育的实际出发，用数学家和数学教师的眼光审视一切，可以说已经摆脱了"教育学"＋"数学"这种传统的数学教育研究模式，抽象概括成他独有的系统见解。

---

① 张大均. 教育心理学 [M]. 北京：人民教育出版社，2005.

（一）有关数学教学目的的探讨

1. 学会数学的实际应用

在弗赖登塔尔的思想中可看出，从过去、现在直到未来，教数学的教室不可能浮在半空中，而学数学的学生也必然是属于社会的。认真考虑数学在社会中扮演的角色，应该是数学教育的首要目的，也就是必须学会数学在解决实际问题中的作用，会运用数学知识于具体现实，而不是一味追求完整的数学体系。教数学就必须教互相连贯的材料，而不是孤立的片段，这并非只限于数学内部的逻辑联系，更重要的是数学与外部的联系。了解数学与外界的丰富联系，不仅使数学成为应用于实际的锐利工具，而且将会使人们所掌握的知识长期地富有活力，可以不断地联系实际、发挥作用，而不是将数学成为供奉于殿堂之上、脱离现实而保持其神圣不可侵犯的演绎体系形式，这是完全不符合当前社会的迫切需要的。

2. 培养解决问题的能力

人们往往对数学给以高度评价，因为它可以解决许多问题，从常生活中常常遇见的数值计算，各种神秘的魔术与游戏，一直到高精尖的领域，从计算机直到火箭发射，都可以发挥与施展数学的魔力，因而使人对数学产生了极高的信念。数学可以训练语言的表达，以最精确、简洁的语言来描述现象，数学可以使问题简化，又能将问题推广，使之一般化，这样数学就从多个侧面，给人们提供了解决各种问题的手段、背景，以至思维的方法，这就为综合地分析各种因素，顺利地解决各种实际问题，创造了条件，培养了能力。

（二）关于数学教学原则的设想

在弗赖登塔尔的教学理念中，科学是一种活动，科学不是教出来的，也不是学出来的，科学是研究出来的；因而学校的教学必须由被动地学转为主动地获得，学生应该成为教师的合作者，通过自身的实践活动来主动获取知识。这样，教育的任务，一方面就应当为青年创造机会，让他们充满信心，在自身活动的过程中，继承传统，学习科学，获得知识；另一方面，由于社会在不断前进，人们就必须不断学习。因此，教育中更重要的一个问题，并不是教的内容，而是如何掌握与操纵这些内容。

1. 数学现实原则

数学来源于现实，也必须扎根于现实，并且应用于现实；这是弗赖登塔尔的基本出发点，也是我们历来提倡的基本思想。根据数学发展的历史，无论是数学的概念，还是数学的运算与规则，都是由现实世界的实际需要而形成的。数学教育如果脱离了那些丰富多彩而又错综复杂的背景材料，就将成为"无源之水，无本之木"。另外，数学是一门充满了各种关系的科学，通过与不同领域的多种形式的外部联系，不断地充实和丰富着数学的内容；与此同时，由于数学内在的联系，形成了自身独特的规律，进而发展成为严谨的形式逻辑演绎体系。因此，数学教育又应该给予学生数学的整个体系——充满着各种各样内在联系与外部关系的整体结构。

弗赖登塔尔教学思想中的另一个重要理念表现为，数学应该是属于所有人的，我们必须将数学教给所有人。对于少数数学家来说，抽象的形式体系，严密的逻辑结构，以及涉及内在联系的规律，也许是最为本质、最为完美也是人们最感兴趣的东西。可是对于大多数人而言，掌握数学与外部世界的密切关系，从而获得适应于当前社会的生存与生活，并进而能够改革社会促使其进一步发展的能力，将是更为重要的。为此，弗赖登塔尔坚信：数学教育体系的内容应该是与现实密切联系的数学，能够在实际中得到应用的数学，即"现实的数学"。

2. 再创造原则

弗赖登塔尔认为数学教育方法的核心是学生的再创造，这和我们常说的"发现法"等相似。数学实质上是人们常识的系统化，每个学生都可能在一定的指导下，通过自己的实践来获得这些知识。所以我们必须遵循这样的原则，那就是数学教学必须以再创造的方式来进行。数学与其他科学有着不同的特点，它是最容易创造的一种科学，矩形的面积等于长乘以宽，类似这些简单而又直观的数学事实，都可以让学生通过自己的学习过程来得到。也就是说，教师不必将各种规则、定律灌输给学生，而是应该创造合适的条件，提供很多具体的例子，让学生在实践的过程中，自己再创造出各种运算法则，或是发现有关的各种定律。

三、元认知理论

元认知是由美国心理学家弗莱维尔提出的。元认知是指个体对自己的认知过程和结果的意识（又称为反省认知），元认知的实质是人对认知活动的自我意识和自我调节。人通过控制自己的意识以及相应地调节自己的思维和行为，从而减少认知活动的冲动性，以提高认知活动的效率与成功的可能性。元认知包括元认知知识、元认知体验和元认知监控三个部分，它们是相互联系、密不可分的。

（一）元认知知识

元认知知识就是有关认知的知识，即人们对于什么因素影响的认知活动的过程与结果，这些因素是如何起作用的、它们之间又是怎样相互作用的等问题的认识。元认知知识主要包括以下三方面的内容：有关个人作为学习者的知识，即有关人作为学习者或者思维者的认知加工者的一切特征的知识；有关任务的知识；有关学习策略及其使用方面的知识。

（二）元认知体验

元认知体验伴随着认知活动而产生的认知体验或情感体验。它既包括知的体验，也包括不知的体验，在内容上可简单也可复杂。

（三）元认知监控

元认知监控即个体在认知活动进行过程中，对自己的认知活动积极进行监控，并相应地对其进行调节，以达到预定的目标。元认知监控主要包括以下几个方面：一是制订计划；二是实行控制，及时评价，反馈认知活动进行的各种情况，发现认知活动中存在的不足，并据此及时修正，调整认知策略；三是检查结果；四是采取补救措施。

元认知过程实际上就是指导、调节我们的认知或认识过程，选择有效认知或认识策略的控制执行过程。其实质是人对认识或认知活动的自我意识和自我控制。在实际的认知活动中，元认知知识、元认知体验和元认知监控三者是相互联系、相互影响和相互制约的。元认知过程实际上就是指导、调节我们的认知过程，选择有效认知策略的控制执行过程。其实质是人对认知活动的自我意识和自我控制。

对学生来说，元认知实际上就是在学习活动中通过对自己、学习任务与学习方法的认识，来准确地体察和自觉地控制自己的学习活动，从而主动、有效地发展自己。而元认知能力也就是在学习活动中，自我认识、自我控制，以求得自我发展的能力。大量的心理学研究结果证实，元认知能力与学生的学习能力、学业成绩有着密切的联系。元认知能力强的学生学习能力强，学习效率高，学业成绩好，反之亦然。元认知水平的高低，联系着学生是否具有较多的关于学习策略方面的认识，是否善于监控自己的学习过程，灵活地应用各种策略去达到特定的目标。因此元认知影响着学生认识自己的学习过程，对学习过程的有效调控，特别是对学生应用数学知识、解决实际问题的过程发挥重要的监控和调节作用。

四、模式识别理论

学生对所学知识有若干分类，文字应用题也是如此。这些模式在求解问题时也确实发挥了重要作用。欣思利曾进行如下实验：要求被试对一些标准的文字应用题进行分类；在听到部分内容的情况下指出文字应用题的类别；同时求解一些标准的与非标准的问题，两者数学结构不完全相符；求解无意义问题，这些问题是使用某些不相干内容取代标准问题中部分内容得出的；求解包含多余不相干内容的问题。[①]

实验表明，学生具有关于标准问题的若干模式，而当一个无意义问题被混入其中，大部分学生没有注意到这里根本没有提出问题而直接按照标准问题求解。而面对非标准问题，被试对问题中有关数据注意体现出很大差异，这表明了模式概念的整体性。以上实验表明，学生对问题的理解是一个以已有知识结构为基础的建构过程。

模式识别对问题求解有十分重要的影响，直接关系到如何调动已有知识经验来面临新问题。这也表明了区分问题深层结构的重要性。也就是说，"题型方法"的教学方式虽然提高了学生的应试能力，但是学生一旦碰到了陌生的题型或者联系实际的问题就不会用数学的方法来解决。

五、波利亚的解题理论

数学家波利亚主张数学教育主要目的之一是发展学生的解决问题的能力，教会学生思考。波利亚热心数学教育，十分重视培养学生思考问题、分析问题的能力。他认为中学数学教学的根本宗旨是"教会年轻人思考"。教师要努力启发学生自己发现解法，从而从根本上提高学生的解题能力。波利亚认为学生应当有尽可能多的独立工作经验，但是如果让他独自面对问题而得不到任何帮助或者帮助得不够，那么他很可能没有进步，因此在学生完成任务的过程中需要教师的适当的有益帮助。教师对学生的帮助最好是顺其自然的，教师应设身处地地了解学生情况，弄清学生正在想什么，并且提出一个学生自己可能会产生的问题，或者指出一个学生自己可能会想出来的步骤，以指导学生以后的工作。

波利亚致力于解题的研究，为回答"一个好的解法是如何来的"这个令人困惑的问题，他专门研究了解题的思维过程并把研究所得写成《怎样解题》一书。这本书的核心是他分解解题的思维过程得到一张《怎样解题》表。在这张表中

---

① 郑毓信. 数学教育哲学 [M]. 成都：四川教育出版社，2001.

包括"弄清题""拟定计划""实现计划"和"回顾"四大步骤。即为了解决问题，我们的工作可以分为四个阶段：首先，必须了解问题，必须清楚地看到要求的是什么；其次，必须了解各个项之间有怎样的联系，未知数和数据之间有什么关系，为了得到解题的思路，制订一个计划；再次，实现制订的计划；最后，回顾所完成的解答，对它进行检查和讨论。

第四节　数学应用能力研究综述

一、国外研究综述

18 世纪的工业革命带来了工业的大发展，社会对具有一定技能的劳动力的需求大大增加，在由国家创办的各类实科学校中，数学课程以实用性为目的，以满足社会大生产对工业劳动者的需要。到了 20 世纪初，以提倡数学的实用性为主题的"培利—克莱因运动"使一些国家的数学教育目的观都发生了重大变革。20 世纪 40 年代，国际著名数学家柯朗十分尖锐地批评过数学教育中的问题，指出："两千年来，掌握一定的数学知识已被视为每个受教育者必须具备的智力。数学在教育中的这种特殊地位，今天正在出现严重危机，数学的教学逐渐流于无意义的一单纯演算习题的训练，固然这可以发展形成演算能力，但它无助于对数学的真正理解，无助于提高独立思考能力，忽视应用与其他领域之间的联系。"[1]20 世纪中叶，由于计算机和现代信息技术的飞速发展，应用数学和数学应用得到了前所未有的发展，数学几乎渗透到每一学科领域和人们日常生活的每一角落。在 1996 年召开的第八届国际数学教育大会上，各国确立的未来数学课程目标之一，就是"培养学生应用数学解决问题的能力，建立简单的数学模型的能力，以及利用数学模型解决一定的实际问题的能力。"[2]很多发达国家对数学应用教学非常重视，并形成了一些相关的研究成果。

（一）美国的研究

美国的数学课程目标之一就是要加强问题解决与数学应用，强调数学与生活、数学与其他学科的联系。2000 年全美数学教师理事会发布的《学校数学课程和评价标准》中，数学家和数学教育家达成的十点共识之一，就是强调数学教学中的现实背景，通过应用问题进行数学教学可能有助于激发动机和导入数学观点，这充分显示了数学应用在美国教育中的地位。美国数学教育学家

① 蔡亚楠.培养初中生数学应用能力的教学研究 [D]. 天津：天津师范大学，2011.
② 王林全.数学教育的机遇与挑战——参加 ICME8 的思考 [J]. 数学通报，1996（11）：21.

舍费尔德（A.Schoenfeld）提出"问题解决的理论主要包括如何综合地应用已有的数学知识、思想和方法解决实际问题，问题解决为学生提供了实践应用数学的机会，利于把数学应用到非常规问题和现实问题"[①]。美国学校管理协会（AASA）在《未来学家》发表了特别报告《21世纪你必须掌握什么技能》，其中要求"为学生和教师提供更多的时间做实际课题"，鼓励教师、学生运用来自生活的实例，探究数学化的过程，真正提高学生的数学应用意识。

美国教材中课文引入都是以阅读材料的方式进行的，这些材料内容广泛、形式多样，在课文中适时穿插了数学史、现实生活中的实际问题、数学学科以及应用的最新发现等，而且在有关定义、定理的介绍上，注意了用一些有意义的例子穿插其中，使学生在学习中了解了概念的来源并获得了其应用的价值。

（二）英国的研究

1982年，由柯克克罗夫特博士为首的英国国家教学委员会发表了题为《"数学算数"的报告》（以下简称《报告》），这是英国数学教学改革的纲领性文件。《报告》强调数学教学要与学生日常生活经验联系起来。《报告》非常关注数学应用，强调数学教学要与实际应用紧密联系起来，认为教师需要帮助学生理解如何应用所学的概念与技能，如何利用它们去解决问题[②]。英国国家数学课程由学习大纲和教学目标两部分组成。其中教学目标按照五个知识块展开，其中重要的目标是关于使用和应用数学知识及其思想方法的基本要求。这一目标伸延与渗透到其余教学目标中，并构成数学教学的基本框架。这一目标的具体要求是，通过处理问题以及运用物质材料获得数学知识和技能，并提高理解能力；应用数学解决各种现实问题，以及中小学课程其他科目提出的数学问题；对数学本身进行探索，引导学生投身于活动之中，并在此过程中使用和应用数学。20世纪80年代末，英国国家课程委员会认为，数学教育存在的主要问题是基础知识的教学和应用能力的培养之间存在互相脱节的现象，因此提出了有关加强数学应用能力培养的意见。目前，英国数学课程体现的是，重视培养学生的数学应用能力，强调数学教学与实际应用紧密联系，认为教师需要帮助学生理解如何应用所学的概念与技能解决问题，并形成系统化的体系。在数学课程中，数学应用是首要和基本的目标。课程设计者认为，在理解的基础上灵活运用所学的数学技能是数学学习必要的条件与过程，在所有学段都对学生进行应用能力的系统训练。英国国家课程委员会要求，所有学校都要重视数学应用

---

① 蔡亚楠.培养初中生数学应用能力的教学研究[D].天津：天津师范大学，2011.

② 徐斌艳.数学教育展望[M].上海：华东师范大学出版社，2001.

能力的培养，教师在制订计划时，不但要保证学生有充分的时间从事数学实践活动，同时在基础知识教学和基本技能训练中，也要充分贯彻数学应用的思想。对学生数学应用能力的要求，不但反映在课程标准中，也体现在英国的国家统考大纲中。数学应用包括处理实际问题、进行合作交流等数学活动。学生在丰富的数学活动中发展数学应用能力和对数学的理解。数学应用有如下三个要求：在实践工作处理问题以及使用物质材料的过程中，获取知识和技能，增进理解；运用数学解决一系列现实生活问题，处理由课程其他领域、其他学科提出的问题；对数学内部的规律和原理进行探索研究。这三个方面也构成英国国家课程委员会提出培养学生应用能力的途径，由低年级起就对儿童进行应用能力系统训练。

（三）法国与德国的研究

法国强调应该让学生运用所学的知识解决自己在实践中遇到的实际问题。在教学内容中提出了大量与实际联系密切的问题，如出生问题的模拟、电话费、按照工资交纳的税收金额等。同时还给出了问题解决的各步骤，如利用线性方程组解决实际问题的步骤是：①归结为方程，②进行数学处理，③检验与探讨所得结果。这样从数学到实际问题之间的桥梁——解决方法的提出，使得解决实际问题具有更强的操作性。

一贯重视理论性与逻辑体系的德国，在数学教学上也强调理论与应用相结合，强调内容的实在性，重视学生通过数学教学获得的知识能在日后的学习与工作中得到直接的运用。法国1902的学制改革和英国1901年彼利时期的讲演冲动了德国学界，德国的几何学大家克莱因曾于1904年在自然科学会议席上做了一次讲演，即"对于中学数学和中学物理的注意"。克莱因又于1904—1905年在苟丁根大学做长期的讲演，阐明了他的课程方案，其中的要点就包括：不过于重视数学的"形式陶冶"、"应该置重心于应用方面"、养成"用数学的方法去观察自然现象和社会现象"的能力。德国的数学教学非常重视贴近现实生活，很多德国教师喜欢采用的一种教学方式就是"贴近现实的教学法"，它所涉及的问题是把新的教学内容带到一种与学生环境相联系的关系中。在德国教师经常组织学生自己制作测量工具，学生分组亲自实地考察、实地测量。可以说学生实际实地测量比理论练习对数学知识的理解掌握要有效得多，好得多。随着德国教学改革的进行，人们越来越重视应用题的教学，教育学家认为"应用题可以培养学生从周围客观环境事务中抽象出数学结构关系的能力""应用题中涉及的具体知识可以深化学生对某一专门领域的了解，使专业知识得到发展""通过解题可以训练学生的思维,更重要的是还可以培养学生的创造性思维,达到提高学生解决问题和创造性解决问题的能力"。

（四）日本的研究

日本的数学教育具有东亚文化的传统,考试在数学教育中占有重要的地位。近年来,日本进行了大量的课程改革工作。其中同本文部省于 1998 年发布了第一七次中小学学习指导纲要,这一纲要于 2002 年开始实施,标志着同本新一轮课改的开始。在新的数学课程中包含两个方面的理念。①提倡以学生为主体的数学学习活动。因为动是儿童的天性,所以要让他们积极地投入活动中,通过实践活动学习数学,通过一些应用性的活动来理解和巩固数学知识。②在宽松的环境中学习数学,打好基础,让学生在轻松愉快的氛围中,探讨自己的观察、操作、实验等活动,发现事物的规律,找出解决问题的方法。1999 年 3 月,日本文部省颁布了《新学习指导要领》（新教学大纲）,其中对高中的数学教育课程做了很大的调整,增设了"数学基础"这门课。其目的在于使学生更好地掌握数学基础知识,学会数学的思想方法,增强数学应用意识,提高数学应用的能力,进而全面认识数学与其他科学和社会的关系,全面提高思维能力和分析问题、解决问题的能力。"数学基础"课程的主要内容之一,就是讲授现实生活中灵活运用数学的事例,从中认识数学的实用性,培养学生的数学思维方式和分析问题、解决问题的能力。此外,日本从 2003 年开始实施的新教学大纲,在《小学数学教学目标》中指出:"通过有关数量和图形的算数（日本把小学数学叫作'算数'）活动,使学生掌握基本知识和技能,培养学生对日常事务进行有条理的思考的能力,同时注意活动的乐趣和数学处理的好处,进而培养学生自觉地把数学应用于日常生活的态度。"

（五）新加坡的研究

早在 1987 年,新加坡就开始在部分学校尝试引进波诺的思维训练课程。1995 年,作为试点又在五所中学引入以马托诺的《学习的维度》（*Dimensions of Learning*）为蓝本的新的思维课程,并逐步推广到全体中学中。新课程的目标之一就是让学生能够运用这些技能于学科学习、实际生活的决策过程以及问题解决中。在数学学科方面,最新的新加坡中小学数学教学大纲体现了这种理念。根据最新的中学（低年级）数学教学大纲:"思考技能的培养应当有意识地融入数学概念和问题解决的学习中。"1990 年,新加坡教育部再次对数学大纲进行了修订。与 1981 年的大纲相比,1990 年的大纲更注重对学生在数学概念、基本技能及数学过程方面的培养。大纲首次提出将发展学生的数学问题解决能力作为数学课程的基本目标，而且数学问题解决也被定位为新加坡数学课程框架的核心。新加坡政府在 1997 年提出了"思考的学校，学习的国家"的教育总目标。为响应这一宏观的理念，1998 年新加坡教育部推出了试行的小学及中学数学教学大纲。在此基础上，教育部于 2000 年又分别颁布了修订后的正式的小学及中学数学教学大纲，体现了新加坡中小学数学教育对数学应用的重视。大纲指出"使学生能够获得并使用他们在生活中将遇到的数学情境中与数、测量和空间有关的技能和知识""通过解决数学问题发展逻辑演绎和归纳及清楚表达他们的数学思维和推理技能的能力"。可以看出在数学课程的框架上，2000 年大纲与 1990 年大纲大致相同，数学课程的基本目标仍是"培养学生的数学问题解决能力"。2000 年大纲明确指出，所谓的数学问题解决是指在实际任务、现实生活问题和纯数学问题中使用和应用数学。在这里，"问题"一词包含了广泛的情况，从常规数学问题到需要用到有关数学及思考过程的情景不熟悉的问题和开放性探究问题。

二、国内研究综述

中国古代的学习和教育主张"学以致用"。《数术九章》的作者秦九韶主张"数术之传，以实为本"，强调数学的应用性和实践性。《九章算术》就是由生产与生活中 246 个实际问题分为九章建构而成的，其内容涉及农业、手工业、商业、建筑、管理等许多领域，全书从人类生产与生活的各种实际问题出发，以解决实际问题为根本，其数学应用的方向十分明确。可以说《九章算术》中形成了以解决问题为标志的数学教科书的开放式结构，充分反映了我国"经世致用"的数学教育思想，突出了数学的实用性。

宋代著名教育家胡瑗在长期的教学实践中提出了"明体达用"的教育原则。所谓"明体"就是明白根本的道理，学习和掌握基本理论；"达用"就是运用这些基本知识和理论，解决国计民生和生产实践中的实际问题，辅佐朝廷，治国安邦。在近代数学教学依然重视应用性，近代实业教育的倡导者张謇明确地提出"学必期于用，用必适于地"的主张。

1941 年修订的数学课程标准中规定，数学教学"要供给学生日常生活中数学之知识及研究自然环境中数量问题之工具""使学生明了数学之功用，并欣赏其立法之精，应用之博，以启发向上探讨之兴趣"。1951 年的数学教学大纲也提出了要训练学生稳健地应用数学去解决在日常生活、社会经济及自然环境中所遇到的有关形与数的实际问题。1963 年 5 月教育部颁布了十二年制的《全日制中学数学教学大纲（草案）》。大纲强调知识、技能的掌握，对能力培养加大了力度，第一次全面提出要培养学生"正确而且迅速的计算能力、逻辑推理能力和空间想象能力"这三大能力。这个大纲，调整之余，应用被消减。"文化大革命"期间，再次把数学应用推向极端。

改革开放后，随着我国教育事业进入一个高速发展的阶段，数学教育也有了非常大的发展进步。自1978年颁布的数学教学大纲起，在教学目的中都规定了"分析问题解决问题的能力"。1986年的数学教学大纲中明确写有"培养学生运用数学知识分析解决实际问题的能力"；1988年的义务教育大纲也指出"能够解决实际问题是指能够解决带有实际意义的和相关学科中的数学问题，以及解决生产和日常生活中的实际问题……，形成数学意识"。1993年张奠宙、严士健教授率先提出了要把数学应用纳入高考数学试题中，并在上海、北京举行了数学应用知识竞赛，进一步推动了我国数学应用教学的发展。为贯彻《中共中央国务院关于深化教育改革全面推进素质教育的决定》和《国务院关于基础教育改革与发展的决定》，教育部决定大力推进基础教育课程改革，其基本目标是"……倡导学生主动参与、乐于探究、勤于动手，培养学生搜集和处理信息的能力、获取新知识的能力、分析和解决问题的能力以及交流与合作的能力"。2001年教育部颁布的《全日制义务教育数学课程标准（实验稿）》和2003年教育部制定的《普通高中数学课程标准（实验）》已把数学应用意识作为总体目标，明确提出并强调培养学生的数学应用意识，并指出"应用意识主要表现在：认识到现实生活中蕴含着大量的数学信息、数学在现实世界中有着广泛的应用；面对实际问题时，能主动尝试着从数学的角度运用所学的知识和方法寻求解决问题的策略；面对新的数学知识时，能主动地寻找其实际背景，并探索其应用价值"。①

近几年来，我国大学、中学数学建模的实践表明，开展数学应用的教学活动符合社会需要，有利于激发学生学习数学的兴趣，有利于增强学生的应用意识，有利于扩展学生的视野。数学课程应提供基本内容的实际背景，反映数学的应用价值，开展数学建模的学习活动，设立体现数学某些重要应用的专题课程。数学课程应力求使学生体验数学在解决实际问题中的作用、数学与日常生活及其他学科的联系，促进学生逐步形成和发展数学应用意识，提高实践能力。近年来，在我国数学教育界，掀起了一场轰轰烈烈的数学教学方法改革运动。无论是创设数学教学情景还是应用计算机技术进行整合，都是将数学知识置身于客观世界中，让学生意识到数学不仅来源于客观世界，而且最终要回到客观

---

① 数学课程标准研制组.全日制义务教育数学课程标准（实验稿）[M].北京：北京师范大学出版社，2002.

世界中去解决问题，从而不仅可以提高学生的数学应用能力，还可以有意识地培养用所学习的数学知识来解决实际问题的能力。

数学能力的培养不仅包括计算能力、空间想象能力和逻辑思维能力，而且侧重于数学的提出问题、分析问题和解决问题的能力。李向萍在文章《初中数学教学要注重数学应用能力的培养》中提出："数学应用是将所学的问题运用于解决问题的实践中。教师应充分利用学生已有的生活经验，引导学生把所学的数学知识能够用到现实中去，以体会数学在现实生活中的应用价值。"[①]

李元世在《把握新课标，落实新思想——在数学教学中渗透应用意识》中指出："教师在教学中要遵循学生的认知规律，将知识性、应用性、趣味性和谐地结合起来，充分调动学生的学习积极性，从小就培养和提高学生的数学应用能力。"[②]

用开放教育形式训练学生的数学应用能力。陈敏在《初中数学教学如何培养学生应用能力》中提出："把数学教学变成教、学、做紧密结合的特殊课堂，将课内外、主导与主体、知识技能结合起来，效果就十分显著。课堂教学要转换思维，形式上灵活多样，使之集知识、能力、创造、审美教育于一体，启迪学生学会生存、学习和创造。把数学应用和教学有机结合，加强应用意识的培养，使学生自觉运用数学去观察分析解决实际问题，促进学生从知识型向能力型转化。"[③]

徐永林在《初中数学教学中如何提高学生数学应用能力》中指出："为了有效地培养学生的应用数学意识和能力，教师自己首先要有强烈的应用数学的意识和能力，这样才能在平时的教学中不断地对学生进行应用数学的意识和能力的培养与渗透。同时，要使学生树立正确的数学应用观，学会自觉地应用数学的思想和方法解决实际问题。只有这样，才能真正地让数学走入我们的生活，数学应用能力才能不断得到提高。"

"经常接触与生活密切相关的数学问题，学生就会在现实日常问题中增强应用数学的能力"是张惠津在《搭建数学与生活的桥梁，培养数学应用能力》中的一个重要观点。

徐建良《加强学生数学应用意识与能力的培养》中提出："通过数学建模的活动和教学，把培养学生用数学的能力落到实处。要突出数学应用，就应站在构建数学模型的高度来认识并实施应用题教学，要更加强调如何从实际问题

① 李向萍.初中数学教学要注重数学应用能力的培养 [J].考试周刊，2010（26）：90.
② 李元世.把握新课标，落实新思想——在数学教学中渗透应用意识 [J].硅谷，2009（10）：113.
③ 陈敏.初中数学教学如何培养学生应用能力 [J].科海故事博览科——科教创新，2010（4）：212.

中发现并抽象出数学问题，然后试图用已有的数学模型来解决问题，这是教学中一种'实际—理论—实际'的策略。"①充分发挥开放题的作用，提高学生的应用能力。夏雪兰在《浅谈学生数学应用能力的培养》中指出"因为开放题具有宽松的解题环境和答案的多样性，所以学生可以根据自己的经验、知识水平、认知能力，按自己的意愿选择思维方式解决问题。这样，不同水平层次的学生能给出适合自己现实水平的解答，从而使每位学生都能享受到'做数学'成功的乐趣，培养他们对数学的积极态度，增强他们学习数学的自信心。"②

① 徐建良．加强学生数学应用意识与能力的培养 [J].魅力中国（科教园地），2010（8）：148.

② 夏雪兰．浅谈学生数学应用能力的培养 [J].成才之路，2009（33）：31-32.

第二章　初中数学应用意识及培养途径

数学应用意识是数学教育培养中学生发现问题、提出问题、应用数学知识解决问题的意识，使学生认识到生活中存在着大量的数学现象，在现实生活中能够广泛应用数学理念去解决实际问题。数学应用意识是初中学生学习数学、学好数学、对数学产生浓厚兴趣的重要前提，是进一步学习数学，研究数学的内在动力。数学知识也是学习物理、化学等学科的基础，培养学生的数学应用意识对这些科目的学习具有重要的帮助作用。因此，本章将对初中数学应用意识及培养途径进行详细的论述。

第一节　数学应用意识概述

一、数学应用意识的概念

"意识是心理反应的最高形式，是人所特有的心理现象。"[①] 意识是个体心理发展到一定阶段的产物，是人脑的机能。

意识在哲学范畴内是人的思想认识问题，在心理学范畴，则是一种心理倾向性，主要表现在它的能动性和自觉性。数学应用意识指的是认识主体能动地从数学的角度去观察事物、阐明现象、分析问题，同时用数学的语言和思想方法去描述、理解和解决各种现实问题的心理倾向。具体地说，数学应用意识应该包含以下几个方面：首先，当面临需要解决的问题时能够主动地尝试从数学的角度去思考，从而寻求解决问题的办法；其次，在学习新的数学知识时能够主动地去探索这一知识的应用价值；最后，能够敏锐地洞察身边所蕴含的数学问题，能主动地运用数学的眼光看世界。

---

① 黄庭希.心理学导论[M].北京：人民教育出版社，2001.

二、数学应用意识的内涵

数学应用意识是主体主动从数学的角度，用数学的语言、知识、思想方法描述、理解和解决各种问题的心理倾向性，是一种精神状态，一种意向，即用数学的眼光、从数学的角度观察事物、阐释现象、分析问题。它基于对数学的广泛性特点和应用价值的认识，每遇到一个现实问题就产生用数学知识、方法、思想尝试解决的冲动，并且很快地搜寻到一种较佳的数学方法解决，体现为运用数学的观念、方法解决现实问题的主动性。具体地说，数学应用意识的内涵包含以下三个方面的内容。

①认识到现实生活中蕴涵着大量的数学信息，数学在现实世界中有着广泛的应用。

学生具有数学应用意识，先要能够认识到数学与实际生活有关，数学是有用的。只有将数学与生活联系起来，才能够切实体会到数学的应用价值，学生学习数学的积极性才能够真正被激发，才会有将获得的数学知识、数学思想方法用于解决现实生活中的问题的冲动。

事实上，数学与现实生活是密切联系的，如人们日常生活中的买和卖、存款与保险等经济活动无不与数学中的比和比例、统计和概率等息息相关；数学在其他学科中也有广泛的应用，如计算机编程中要用到算法；神经生理学中要使用图论；临床实验要用统计方法，类似的数学方法还被越来越多地用于环境科学、自然资源模拟、社会学，还有心理学和认知科学等。

②一是能够尝试从数学的角度，运用数学的语言、知识和思想方法描述、理解实际问题，尝试把实际问题抽象成数学问题。现实世界有许多现象和问题隐含着一定的数学规律，只有把实际问题抽象成数学问题，才能用数学的方法来解决问题，才可能有所发现。具备数学应用意识的人，会尝试把实际问题用数学语言抽象表述成数学问题。二是能够主动寻求解决问题的策略。具有强烈数学应用意识的人，面对实际问题会产生用数学的思想方法解决问题的冲动，主动寻求解决问题的策略，这是数学应用意识的重要体现，也是能否将所学知识和方法运用于实际的关键。

③面对新的数学知识时，能主动地寻找其实际背景，并探索其应用价值。

学习数学知识的目的就是要能够用于现实。具有数学应用意识的人，面对新的数学知识，会主动寻求知识的实际背景，考虑把数学知识应用于实际，把数学知识和现实生活联系起来，感受数学在现实生活中的应用价值。

三、初中数学应用意识与应用能力的关系

数学应用能力基本上是与解决实际问题的能力一致的。所谓解决实际问题的能力指的是会数学地提出、分析实际问题，并能综合地运用所学的知识和技能解决问题，形成解决问题的一些基本策略。数学应用意识和数学应用能力统一在学生解决实际问题这一过程中。学生在面临实际问题时，先要具备一定的数学应用意识，要主动地找寻问题所蕴含的各种数学信息，而能否发现各种蕴含的数学信息又属于数学应用能力的范畴。如果不具备一定的数学应用意识，即使最强的数学应用能力也是徒劳的。从应用过程来看，数学应用意识应先行，但不能脱离数学应用能力而存在。从形成过程来看，数学应用意识是最后形成的。数学应用能力的提高有利于数学应用意识的形成，而数学应用意识的发展又会促进数学应用能力的提高。在实际的教学中，我们有必要把两者整合起来，实现共同发展。

第二节　初中数学应用意识培养中存在的问题

一、理论型教材忽视培养应用意识的需求

我国传统教材对知识的来龙去脉以及数学应用的重视不够，忽视了引导学生运用所学知识解决社会生产乃至日常生活中遇到的问题，导致学生学数学以致用的能力和意识较弱。数学教材虽然已经做过多次修改，但重知识、轻应用的现象仍然存在。教材中例题与练习题都是常规的数学题的面貌，有确定的唯一答案，有固定的解题模式。应用题则较少遇到，即使有也已被转化为可识别的固定题型。据统计，教材中应用题所占比例只有总题量的10%左右，这个比例明显偏低，而且有的应用题背景陈旧，缺乏开放性，与现实生活无关，与社会发展不同步，不能体现数学在现代生活诸方面的广泛应用。而社会所需要的图表绘制、统筹、规划等方面的知识以及电子计算机初步等实用性、操作性很强的知识却并没有得到充分的重视。

新教材对此做了大量调整，增加了具有广泛实践性、应用性的教学内容，重视数学知识的应用，增强数学应用意识，提高学生分析问题和解决问题的能力，把培养学生的应用数学的意识贯穿在各个方面，如每一章的序言都以一个现实的应用问题引出该章的知识内容，章末会增加数学史方面的阅读材料，使学生扩充与该章相关的知识；增加了"实习作业"和"研究型课题"，使学生

亲身体验到数学的应用；等等。但总的来说仍未摆脱传统教育思想的束缚。只重视数学教材的逻辑组织化，而忽视经验材料的数学组织化和数学理论的应用，但也有很多不足之处，如教材中编制的例题、习题远离学生生活，人为编造痕迹过于明显，这不仅会显得本末倒置，似乎只是为了"理论联系实际"才编造出应用题，而不是立足于生产、生活，从现实中提炼出数学模型来解决实际问题。这样容易使学生忽视材料本身的意义，不仅难以激发学生的数学应用意识，而且剥夺了学生抽象问题、创造性地解决问题的机会。

二、评价体系在应用意识考查方面的缺位

目前在初中数学教学中仍是采用以考试为主的单一评价体系，再加上学生数学应用意识强弱、应用能力高低的评价不像学业中其他显性因素容易测量，很难在一次书面测试中完成，因此不易制定出对教师教学、学生学业评价的有效指标，考试的命题又倾向于知识考查，对数学应用能力的考查甚少，从而影响着师生努力的程度和积极性，形成了"教师为中考而教，学生为升学而学"的结果，不仅使数学的社会功能难以发挥，也使数学教育陷入了应试教育的误区。大多数初中生认为，能够考试过关或中考取得尽可能高的分数就行了，忽视了了解数学知识产生的背景、形成过程。

学生对数学的价值认识不足，对数学的片面认识也是数学应用的一大障碍。多数学生把精力集中在大量练习、模仿和记忆数学常规问题的解法上，只重视计算、逻辑推理和常规问题解决的能力，忽视数学应用意识和实际应用能力的培养。从建构主义的观点看，机械模仿只是纳入已有图式的过程，只能造成知识遗忘率高、学习效率低的后果，机械记忆的知识是很难产生广泛迁移的，缺乏迁移的知识是无法转变成能力的。做再多的题，学生仍会一见应用题就害怕，就手足无措，更别提对数学应用的兴趣了。

面对数学应用教育的必要性和紧迫性，严士健、张奠宙等数学教育家于1993年发出倡议，建议在中考中增加应用试题的考查，所以从1993年开始的中考数学试题中逐步增加了数学应用的考查。分析近几年全国各地的中考数学试题可以发现一些变化，应用题的背景更贴近生活，实用性更强，比较重视对学生收集处理信息、分析解决问题等能力的考查，使得分类等数学思想得以较好地体现。但也应该看到，中考试题中的这些有益尝试离素质教育的要求还很远，一方面是因为应用意识不是靠一套题就可以简单评价出的，另一方面不少试题也逐渐沦为技能训练的载体，失去了应用的活力。

三、教师教学中对培养数学应用意识缺乏能动性

要对学生进行数学应用意识的培养，教师必须具备应用意识和能力。教师的教学方式、教学思想对学生有着深远的影响。如果教师本身不具备从现实生活中发现、分析、解决数学问题的意识，那学生也就难以获得应有的数学应用意识的培养。

目前，初中教师大都是传统教学环境培养出的学术型人才，这些人不适应课程改革的新形势，他们对培养学生的应用能力和意识的重视不够，开展数学应用教学的意识淡薄。不少教师认为强调数学应用会削弱数学的系统性和科学性，破坏数学的逻辑结构，影响学生的逻辑思维的训练；加强数学应用的教学会增加学生的学习负担，会影响"双基"的落实等。而教师的观念直接影响着学生的观念。教师在教学中过分强调数学的系统性、理论性、严谨性和逻辑性，一遍遍地重申那些严谨的数学概念、解题技巧，却很少涉及数学结论形成和发展的过程、数学对社会进步做出的贡献、数学的价值、数学的精神等。于是，学生头脑中已有的数学知识与其实际生活构成了两个互不相关的"认知场"。

相当一部分教师认为，培养学生的数学应用意识是有必要的，但有些由于中考的压力，考虑到短期内应用意识的培养体现不出明显的效果，所以只关注中考关注的内容；有的则是自身的数学应用能力有限，不能适应数学应用教学的要求。教师手头资料缺乏，挖掘联系实际的数学教学应用例子和模型非常困难，再加上学生之间差异较大，不能一概而论，导致教师心有余而力不足。

教师在教学中强调数学概念的理解，数学定理、公式的证明和推导，注重学生的记忆模仿，而忽视从实际出发解决实际问题能力的培养，对应用题的教学也是有针对性的训练。但没有考虑到哪些内容是真有用，哪些根本没用。教师在教学实践中就是从数学符号推导数学符号的过程，长此以往，学生认为学数学就是学符号，很难体会数学的真正价值，这种教学导致数学教学脱离实际，培养出的学生只能是考试的"工具"，不可能培养学生应用数学的意识。

四、模式化的教学方法导致学生数学应用意识退化

在长期的数学教学实践中，很多教师、学生最重视的就是所谓的学好基础知识，学会用基础知识、基本技能解题，这就势必会养成把所学课本的习题进行分类，然后对各类习题给出解题模式习惯，进而让学生通过对各模式化的习题反复演算，快速准确地得出答案，最后在考试中取得高分，这样就算是把数学学好了。这是我们教育方法上的一个通病，即模式化教学。这种教学方法对

学生数学应用意识的培养带来了一定的危害。

首先，这种方法严重阻碍了学生数学思维的培养，特别是阻碍了数学创新思维能力的培养。数学教学的根本目的就是要培养学生的各种思维能力，让学生学会探索、思考和创造。而上述的模式化教学，只是为了应付各种考试把题目细分成若干题型，考试时让学生套题型，这不是在培养数学能力，而是数学能力的异化。

其次，模式化教学的另一个弊病——"纸上谈兵"，就是脱离了学生的生活和实际。数学本来就是从人类长期的生产生活实践中发展起来的，数学在生活中的应用也随处可见。模式化的教学方法，使得有相当一部分的教师、学生认为学数学就是做题，做题几乎成了解决问题的代名词。这样就使数学脱离了实际生活，加重了学生学习的困难，打击了学生学习数学的兴趣。

最后，模式化教学在教学方法上主要体现在教师对数学的仔细分析和讲解上。学生记笔记，完成课后的书面作业，课堂上教师提出几个问题，几个学生回答，得到准确无误回答后就认为完成了教学任务。这是表面上的启发式教学，既活跃了课堂气氛，又能很好地受控于教师，学生既参与了学习，又很好地理解了知识。实际上这仅是一种假象，大部分学生由于没有将所学知识与生活经验相磨合，缺乏解决问题的实际经验，其教学效果并不理想。

五、学生自身缺乏数学应用意识

建构主义认为，知识不是通过教师的传授得到的，而是学习者在一定的情境下，即社会文化背景下，借助学习过程中其他人（包括教师和学习伙伴等）的帮助，利用必要的学习资料，通过意义建构的方式而获得的。在这种建构过程中，教师所教的数学必须经过学生这一主体的感知、深化和改造，使之适合他们自己所特有的数学结构，以被理解和掌握。因此，学生自身的知识经验对数学的学习起着非常重要的作用。

新课程标准要求学生要有探究意识、创新意识、合作意识，能主动学习。对学生自身的素质要求比较高。但长期以来，学生习惯于上课听教师讲，在传统的学习方式中养成的惰性使他们很难适应新的学习方法。传统的教育模式也导致了学生重课本、轻生活，使得很多学生认为数学就是计算，解题就是为了得到正确答案，只有在课堂和考试时数学才有用，离开学校就感觉不到数学的存在。

数学应用问题与纯数学问题相比，更贴近现实，直接深入生产、生活实际，而大多数学生生活阅历有限，对社会缺乏了解，因此，对应用问题的情境、背景不熟，弄不清题意，这就给解题带来了更大的困难。现实生活中存在着丰富多彩的与数学相关的问题，但由于学生生活经验较少，对很多生活情境和常识缺乏了解，远离了学生的数学世界。学生对这些数学问题认识肤浅，难以体会数学的价值与魅力，严重削弱了数学应用意识的形成。

第三节　初中数学应用意识培养途径研究

一、初中数学应用意识培养的原则

（一）科学性原则

科学性是指在数学应用意识培养中，要关注数学在科技发展中的重要作用，更要确保知识传授准确、问题设计科学、学科渗透合理等。

科学性原则要求我们在教学中应适时介绍数学在其他科学领域的应用，凸显数学的科学价值。数学是研究空间形式和数量关系的科学，是刻画自然规律和社会规律的科学语言与有效工具，是其他科学的基础。在数学教学过程中，要不失时机地向学生介绍数学在其他学科的应用，帮助学生更科学、全面地发展数学的应用意识。例如，学习方程的知识时介绍物理学中的运动问题，地理学中的降水量、温度问题，化学中化学方程式的计算等；一次函数知识联系物理中的定律，经济学中的利息、外汇换算，化学中的定量计算，信息学中的图表等应用。数学在计算机中的应用更是不胜枚举，除此之外，还可以向学生介绍数学在各个领域中的作用，让学生了解数学家在制造原子弹、导弹和卫星中的作用，这些都可以帮助学生体会数学的应用价值。

例如，学习分式知识时，可以介绍 $1/a=1/b=1/c$ 既是物理中并联电阻公式，又是光学中透镜成像公式。随着数学教学内容的不断丰富，知识传授中的正确性显得更为重要，知识传授是否正确、问题设计是否科学将直接影响教学的成败。因此，我们的教学内容既不能违背数学学科知识体系和教学进程，又不能违背其他学科的原理和方法。

（二）可行性原则

可行性是指数学应用意识的培养应根据学生生理、心理、认知发展的已有水平选定适当的教学内容，使教学设计具备可行性。

由于初中生已有的知识储备、生活经历、年龄特征、认知兴趣点所限，初中生接受知识的能力是有限的，数学应用应渗透到日常教学中，与学生已有基础相匹配，根据学生的实际能力掌握教学的深度、广度，不可随意加深和拓宽，要引导学生自觉地"在学中用，在用中学"。

在设计数学问题时，教师要研究学生的思维发展规律和知识水平，并钻研教材，提出既能有效地激发学生的求知欲望，又能使学生积极主动地去寻求解决问题的策略，并通过一定的努力或小组讨论、探究，最后归纳出具有一般数学结论的数学问题。也就是选择在学生能力的"最近发展区"内适时、适度创设问题情境，培养学生的创新意识和实践能力。如果设计实验课题或学科整合问题，则还应该充分考虑实验条件是否具备，相关学科知识是否具备等问题。

（三）渐进性原则

渐进性原则是指在数学应用意识培养中，课程设置要根据学生的实际由易到难、由浅到深、由近及远、由感性到理性、由课内到课外循序渐进地进行。

智力和能力的发展，要有一个适合人类本性的心理学的循序渐进过程。科学知识是严密的、有系统性的，教材内容是有一定的连贯顺序的，学生学习是沿新知继旧知的顺序前进的。因此，在课程设置上，在不同学段应设置与学生年龄、知识面发展相适应的阶段性、发展性的应用问题；在同一问题的探究过程中，应该让学生按情景、问题、建模、解答、反思的流程，由具体到抽象再到具体、由感性到理性地推进。

渐进性原则还要求问题设计要有层次性，由浅入深，由易到难，使学生在问题的探究中不断获得成功，逐步树立起学好数学的信心，培养勇于探索、敢于攀登的精神。要注意的是，课程标准教材的体系已不再采取分科或是直线式的结构，即"数与代数""空间与图形""统计与概率"三个领域都不可能按照自己的学科体系从头至尾发展，而都将被"实践与综合应用"这个领域多次打断，总之要阶段性地交织在一起出现、交织在一起解决问题。

在课堂教学的基础上，注意引申适当、渗透适度、举例恰当，逐渐把数学与社会、日常生活融合在一起，让学生逐步认识到数学的趣味性、应用性及数学的神奇魅力，激发学生的创造性和想象力，进而乘胜追击，布置研究性课题，让学生走出课堂，利用所学知识去认识社会、服务社会。

（四）适度性原则

适度性原则是指要均衡、全面发展包括应用意识在内的各种数学应用意识和能力，不能动摇课程中数学的主体地位，不唯应用而应用。

数学应用教学的目的是培养学生的应用意识，提高学生的数学素养，应用意识只是学生数学素养中不可或缺的一个方面，强调应用意识培养的同时不能忽视其他方面能力的培养。因此，数学应用教学要注意适度、适量。

在教学中，首先要把培养学生的应用意识放在合适的位置，将"四基"训练与知识应用有机结合，突出数学的主体地位，发展数学能力。初中生对生活、生产经验普遍较缺乏，故对其进行应用意识培养不能操之过急。其次，培养学生的应用意识，并不等同于让学生做应用题，也不是每节课都要应用、什么都要应用，不顾学生的实际能力和需求，为了应用而应用，做过量、过难、过繁、过滥的应用题，这样只能事与愿违。

例如，在"利用不等关系分析比赛"的教学中，有教师这样设计，先按照教材中的素材，依次分析篮球比赛、足球比赛、排球比赛，接下来补充材料，让学生分析乒乓球比赛、羽毛球比赛……

整堂课下来，学生记住的是"好多种球"，而其中的数学本质学生没有时间去领略。显然，这位教师的教学设计就是因为过度应用而失当了。

（五）现实性原则

现实性原则是指应用意识培养中应注意素材选择生活化、情境设置现实化、知识应用现代化。

根据现实性原则，我们应选择学生身边的素材作为知识的载体，创设现实的问题情境展开教学，并根据教学内容不失时机地引导学生把所学的新知识，所掌握的新工具、新技能应用于实际生活中，发展能力，增长才干，学以致用。教学应顺应社会对人才的阶段性、时代性需求，初中学生继续学习的需求，初中学生参与社会生活的需求，人才的评价制度对初中学生的需求等诸方面，让每一位学生认识到数学是有用的，都能掌握有用的数学。

例如，在简单线性规划求最优整数解的教学过程中，有这样一个实例，某啤酒厂生产两种啤酒，其中淡色啤酒 A 桶，啤酒 B 桶。粮食、啤酒花和麦芽是三种有约束的资源，每天分别可以提供 480 斤、160 两和 1190 斤。假设生产一桶淡色啤酒需要粮食 5 斤、啤酒花 4 两、麦芽 20 斤；生产一桶啤酒需要粮食 15 斤、啤酒花 4 两、麦芽 35 斤。售出后每桶淡色啤酒可获利 13 元，每桶啤酒可获利 23 元。问 A、B 等于多少时工厂的利润最大？

这个例子有两个优点，一是它的数据更接近实际数据，有真实感，学生也有新奇感；二是例子中三种资源的单位不同，这在实际问题中经常出现，可以告诉学生现实问题未必都是"标准型的"。在教师指导下解决这样的实例，学生一方面可以发现经济生活离不开数学，另一方面可以使他们愿意用已有的知识解决生活中的经济问题。

同时，我们注意到计算机的应用已成为人们日常生活的必需，应该打破那种使用计算器会使学生计算能力退化的偏见，将计算器合理地引入数学教学中，避免学生沉溺于繁难的计算，把更多时间用于动脑思考、动手实践上。

（六）活动性原则

活动性原则是指要创设数学应用活动，使学生保持数学应用的兴趣，乐于实践，并使每一个学生都有用武之地。

新课标中数学知识内容一共有四个领域：数与代数，空间与图形，统计与概率，实践与综合运用，前三个领域都是大家熟知的，实践与综合运用与前三个领域不同，前三个领域分别以运算、图形、数据为载体，而实践与综合运用本身是建立在前三个领域基础之上的，但在新课标中却把它们并列起来，将其作为一个内容领域提出，强化了实践与综合运用的分量，带有明显的导向性，即教材内容中一定要有实践活动，一定要有实实在在的应用，而且是综合应用。

教学设计中，首先应明确数学活动已作为课程规定下来，要重视它；其次要注意区分活动课与课外活动，二者虽有联系，但有着本质的区别。同时，要多形式、多内容，积极组织开设并搞好活动教学的研究及评价。

例如，正负数是一个比较枯燥的概念，初一学生不容易消化它。我们可以在学习有理数加法后，通过设计测量本班学生平均身高的活动理解正负数的概念，同时也学习了简便的统计方法。

二、初中数学应用意识培养的策略

（一）转变教师观念，提高教师自身素质

影响学生数学应用意识的因素有很多，教师对数学应用认识的误区，学生对数学应用认识的片面，教材上的不足等成为实践中数学应用意识培养的障碍之源。然而，归根结底就是人们对数学的认识具有静态的特征。数学教育实施与开展的关键是教师，若教师持有静态的数学观，则对数学应用的认识将存在明显不足，在这种数学观指导下设计出的有关数学应用的教学活动，就不能达到很好地培养学生数学应用意识的目的。

看一个教师的数学素养，关键是看他如何看待数学，如何理解数学，以及能否运用数学的思想方法去观察、分析身边的生活现象，去解决生活中的实际问题。如果教师认为数学是"计算＋推理"的科学，那么他在教学过程中就会严守知识本身的逻辑体系，注重数学知识的传授，强调运算能力、逻辑思维能力和空间想象能力的培养，而不关心数学知识的学习过程，忽略数学应用能力

和应用意识的培养。

教师在教学实践中对数学的理解，往往将数学应用等同于会解数学应用题，把数学应用固化为一种绝对静态的模式，抛开"双基"让学生去模仿、记忆各种应用题类型。事实上，数学应用题是实际问题经过抽象提炼，重新处理后得出的带有明显特殊性的数学问题，它仅仅是让学生了解数学应用的一个窗口，是数学应用的初级阶段。如果把数学应用定位于让学生解决各种类型的数学应用题上，则数学应用将沦为一种僵化的解题训练，而失去它本来的意义。

所以，要培养学生的数学应用意识，必须改变教师的观念。教师是教学活动的指导者、组织者，在培养学生数学应用意识的过程中，要创设出能够激发学生数学应用意识的情境。要想做学生数学应用意识发展的组织者和引导者，教师自身就必须具有比较强的数学应用能力和应用意识，只有具有扎实的知识基础才能够承担重责。

但由于大多数教师由中学进入师范学校学习，再回到中学教学，在这学校入学校的过程中，他们与学校以外的生活接触不多，所积累的生活经验并不比学生丰富多少。再加上应试教育的影响，很多教师只关心代数的精妙运算技巧，几何的缜密逻辑推导，而不关心学生的数学应用意识和应用能力的发展。所以，很多教师自身的数学应用意识就很薄弱，应用能力不强，即使有些教师已经认识到在数学教学中应该注意培养学生的数学应用能力和应用意识，但也因为缺乏足够的与此相关的教学素材，难以将应用教育付诸实践。

因此，数学教师要不断丰富自己的生活经验，主动了解数学在现实生活中的应用。在日常生活中，要养成运用数学的思想方法去观察生活和思考问题的习惯，积极运用数学知识解决身边发生的实际问题，提高自身的数学应用能力和应用意识。意识到数学的应用不是"应用数学"，不是"数学应用题"，也不是简单的"理论联系实际"，而是一种观念，一种态度，一种能力，包括数学的语言、数学的结论、数学的方法、数学的思想、数学的精神。在课堂教学中，转变教学观念，渗透应用数学的思想。少一些枯燥的、让学生害怕的纯数学问题，多一些学生身边真实可见的实际应用问题，潜移默化地感染学生，使学生逐步产生应用数学的意识。只有教师本身具有充分的数学应用意识，才能逐步地对学生进行数学应用意识的培养。

（二）鼓励学生用数学的眼光观察世界，激发学生学习数学的兴趣

数学来源于生活，生活中处处有数学，经济的发展离不开数学，高新科技发展的基础是数学。现实世界是数学的源泉，也是数学的归宿。随着科学技术

的日益发展，数学已经成为人们在生产和生活中必备的技术手段和工具，学习数学就是为了解释和解决生活中的问题。我们应该多用数学的眼光去发现生活，把课堂上的数学知识延伸到实际生活中，向学生介绍数学在其他学科中、实际生活中的广泛应用。教师要在适当的时机有意识地启发学生的应用意识，只有经过不断地渗透、反复、逐级递进、螺旋上升、深化的过程，才能使学生不自觉或无目的的应用数学的行为发展为有目的、有意识的活动。

学生要有"用数学"的意识，必须对数学感兴趣。在学生的成长过程中，教师所面临的最棘手的问题就是学生对数学缺乏兴趣，学习动机不强。只有围绕培养学生兴趣和良好的学习习惯进行教学，针对学生个性差异进行因材施教，当学生意识到自己所学的东西是很有意义时，树立正确的信念，他们才会以更高的热情投入学习中。只有当学生对数学产生了浓厚的兴趣，才能激励他们去主动探索，带着愉悦的情绪去面对和克服一切困难，执着地去分析认识对象的发展规律，展现自己的智能和才干。也只有充分发挥认识主体的主观能动性才能在数学学习中提高学生的数学应用意识。

因此，教师在教学中应重视知识的形成、发现过程。数学本身是一门演绎性很强的学科，因此，教材的编排不可能十分系统，在教材中许多概念的形成，公式、定理等的发现过程往往没有详细完整地给出，这就要求教师在课前认真研究教材，重新组织、精心设计教学内容，为学生创造问题情境，交给学生发现、创造的方法，启发引导他们去思考、创造，让他们在创造中学习，在发现中获取。在教学中，教师还可以在章节开始或结束时，选择一些与本章知识相关的有代表性的文章介绍给学生，使学生通过阅读来更多地了解数学。教师既可以搜集有关资料介绍给学生，也可以鼓励学生自己通过多种渠道搜集数学知识应用的具体案例，并互相交流，增进学习数学的兴趣，提高应用意识。

在教学中，还要尽可能地为学生提供丰富形象的感性材料。如果在例题和习题中，能够增加更多具有时代气息的材料，如来自报纸、杂志、电视、网络等媒体的资料等，或来自贴近学生生活的实际资料，可以以生产生活、社会热点、新闻事件、环境保护、控制人口、生态平衡、资源合理利用等方面为问题的背景。例如，彩票中奖率等概率统计问题，细胞分裂等数列问题，用料最省、效率最高等最优化问题……这样的材料真实性更强，符合时代气息，通过对这些感性材料的阅读、理解和思考，可以拓宽学生的视野，使学生认识到数学就来自身边的现实世界，是认识和解决我们生活与工作中问题的有力武器，这些都有利于促使学生形成解决问题的欲望，产生数学应用意识。

在数学教育中，应该关注学生对数学基础知识、基本技能以及数学思想方法的掌握，同时，也应该帮助学生形成一个开阔的视野，了解数学对人类发展的价值，学生要有知识更要有见识。因此要教育学生在平时就多关注社会生活，用数学的眼光观察世界，了解问题的背景知识，增长生活常识。这样，不但有利于帮助学生了解数学的发展与价值，激发学生学好数学的勇气与信心，还会帮助学生领会数学知识的应用过程，增强学生的数学应用意识和社会责任感。

（三）应用数学知识，培养应用能力

学习数学的主要目的是获得数学知识和经验，以及利用数学知识、方法去解决实际问题的能力，获得尊重客观事实的理性精神和对科学执着追求的态度。当然，要意识到数学来源于生活、生活处处有数学；数学我也能应用、我更愿意用数学。为此，在数学教学中必须让学生经历实践活动，让学生经历数学的过程，体验如何做数学，更让学生体会如何实现数学的应用和再创造，从中获得数学应用的成功感、感受数学的应用价值，发展应用意识。

实践证明，教学中，让学生运用数学知识解决实际情境中的问题是培养学生应用意识和能力的重要途径。要顺利地进行问题解决，学生首先要接受并试图去解决这个问题，其态度应该是积极的；其次由于问题的障碍性，学生会将已有的数学经验与问题情境进行比对，寻找适用的数学知识和方法，同时，还会反过来将数学知识和方法的实际背景与问题情境进行比对。这也正好契合了《课程标准》的要求。

要在数学应用中发展数学应用意识，需让学生积累成功的经验，以保持数学应用的热情，而成功的应用又需要一定应用能力做保障。就初中生而言，应用数学知识解决实际问题时会遇到心理、建模、解答等方面的难关，帮助学生克服这些难关是培养其数学应用意识所必需的。

1. 克服数学应用的心理关

和纯数学问题相比，数学应用问题的文字叙述更加生活化，题目也比较长，数量关系分散隐蔽，给学生造成了一定的心理压力。

这里所说的数学应用的心理关是，面对一大堆非形式化的材料，许多学生常常感到很茫然，不知从何下手，产生了惧怕数学应用的心理，甚至因题目都读不下去而放弃解题。又因长期纯数学学习的惯性、生活中缺乏数学应用的经历，许多学生看不到数学应用的必要，只是为了考试而学习，对数学应用缺乏兴趣，这些成了发展数学应用意识的障碍。克服数学应用的心理关有如下两个办法。

首先应该使学生认识到，数学的应用题并不像想象中的那样难，可以循序

渐进地引导学生进行分析，它们不过是一些套上实际背景的纯数学问题，只要掌握一定的解题策略，这些问题其实并不难，不要一见到应用问题就心虚，不战先败。要使学生相信自己的能力，树立起自信心，克服心理上的障碍。

其次教师要注意学生学习积极性的激发和保持，引导学生充分利用已有的知识积极参与教学，动手动脑参与探究，体验成功的乐趣。

2. 克服数学应用的解答关

对于学生，数学应用最终还需得出正确解答，是否得到了问题的解答是判断数学应用成功与否的最客观的标准。

这里所说的解答关是指，当学生完成了数学建模后，却往往因数学基本功的欠缺而不能正确解答所得的数学问题，成为数学应用的又一障碍。从近几年中考的应用题来看，所需的数学知识并不多，难度也不大，但考生得分情况并不乐观。克服数学应用的解答关的途径在于加强"四基"训练。在《课程标准》（修改稿）的理念下，对学生的培养目标提出了"四基""两能"——基础知识、基本技能、基本思想和基本活动经验，发现问题和提出问题的能力、分析问题和解决问题的能力，构建好"四基"平台有助于学生准确迅速地求解所建立的纯数学问题，提高解决实际问题的效率。

教学中教师还应该要求学生进行问题解决的评价反思，包括对过程、方法、结果的评价，对答案现实意义、合理性的评价。对问题解决的评价和反思，是一个提高问题解决能力的极好机会。

（四）加强与学生的互动式教学，培养学生积极的数学应用意识

与学生的互动式教学，需要强调学生的主体性地位，即学生和教师在教学过程中是平等的主体，在教师的引导下充分发挥学生的主观能动性，使得学生充分投入课堂学习和社会实践中，培养学生学习数学的热情。教师不仅要向学生传授教学内容，更重要的是要通过学生积极参与课堂活动培养学生自身的数学思维。因而教师应把培养学生数学思维活动作为教学的基础之一。

第一，积极营造宽松、和谐、民主的情感参与范围。

数学教学的课堂授课过程主要是教师与学生围绕教材进行"教与学"的过程。在数学的教学过程中，"教"和"学"是相互联系的，教学需要师生沟通与合作，而沟通与合作建立在平等的基础上。素质教育要求师生作为群体中平等的学习成员，教师在群体的学习过程中是"平等中的引领者"。学习群体的每个学生都有权利对学习内容提出问题、积极思考发表自己的见解以及对其他学生的见解发表评论。在数学课程教学中，由教师应对学生进行积极启发，

学生表达自己的看法，在进行相互讨论交流的过程中，使学生逐步产生学习数学的兴致，学生在平等的基础上主动积极地参与课堂教学，以达到良好的教学目的。

第二，努力提高学生行为参与的主动性与积极性。

在教学中，教师要充分调动学生的主动性与积极性，引导学生开展生活观察、实践操作、逻辑推理、课外交流等多种形式的互动活动，使学生理解和掌握教学知识和技能，提高动手能力，初步学会从数学的角度去观察事物、了解事物，思考观察过程中的问题，培养学生学习数学的愿望和兴趣。教师不仅是学生学习数学的引导者，还是学生学习过程的参与者。在学生参与的过程中，学生会提出不同的想法和意见，教师要启发初中学生的发散性思维和创造性思维；在讨论学生不同的观点时，可由学生充分发表意见，在考察分析了每种观点的依据后，再得出合理的结论。特别需要注意的是，教师应当合理定位自身的角色，借助"活动"这种形式，把数学知识、学习能力、团队合作等意识潜移默化地沉淀在学生的心中。

第三，努力提高学生认知参与的智力投入水平。

教师要引导学生积极地投入学习活动中去。学生遇到困难时，授课教师应积极鼓励学生树立信心，克服困难解决问题；当学生取得优异成绩时，教师应及时对学生进行表扬，树立学生学习数学的自信心；在学习数学的过程中，教师要鼓励学生进行及时回顾与思考。教师还要及时了解学生的想法和思想动态，针对学生进行科学有效的学习指导，帮助学生解决问题，鼓励学生发表各种不同的观点，参与学生的讨论，并逐步把学生的各种学习活动带入高水平的问题解决活动中。这样，很多数学课，即便没有热热闹闹的活动场面，表面上看上去冷冷清清，但是，只要真正引发了学生的思维风暴，唤起了学生强烈的数学应用意识，促使学生在数学学习活动中保持高层次的智力投入，那也是成功的教学，同样是尊重学生数学活动参与者地位的一种体现。

（五）建立更为科学合理的教学评价体系

1. 改革应试性的教学评价体系

长期以来，尽管广大群众和政府主管部门对应试性的教学评价体系均给予了极大的批评和否定，呼吁要建立具有长期意识和应用能力的科学合理的评价体系。但是，由于我国人口众多，劳动力视察、人才标准、就业选择过于偏重文凭的单一化识别等多方面的影响，功利性的狭隘的应试教学评价体系实际上并没有真正被打破。

形成这种局面主要是因为我们对应试教育的危害性并没有完全清楚，政府主管部门没有在行政和立法层面做出有效的行动，社会大众的功利性教育观念还没有完全清除。应该意识到，应试教育不仅妨碍了实践意识与能力和科学精神的形成，更为重要的是其在以"耗尽兴趣"的方式扼杀学生长期学习数学的兴趣。并且压制了以持久兴趣，好奇心为主要因素的创新精神。很多在奥林匹克数学竞赛中获得奖牌的学生对数学彻底地产生了厌倦情绪就是很好的证明。

应试性的数学教育以其机械性、超强度的题海战术为主要手段和特征，企图穷尽中考中所可能出现的全部题型，而让学生在确定的题型范围内得到尽可能熟练的训练是应对中考的最为有效的手段。因此，由于教学评价体系相对落后，教师选择了轻视数学应用能力与应用意识的教学与考试模式。所以可以这样说，应试教育的弊端之所以难以清除，最主要的原因是评价体系的落后。如果教师侧重于考查学生创造性地运用新视角、新思维、新方法解决各类数学应用性问题的能力，并且能够建立起相应的评价体系，就可以避免这些弊端，同时可以对数学教育产生积极的导向作用。

要改革这种狭隘的功利性应试教学评价体系可以采取以下措施。

①把数学考试的考察点大幅度地转向数学应用意识方面，在考试题型选择中选择大量的开放型应用题。这些问题的解决必须建立在对数学知识和数学思想方法十分熟悉，而且能够灵活运用的基础之上。仅仅依靠对典型应用题的熟练掌握和对数学逻辑体系的把握是远远不够的。还可以提出一些生活生产中的常见现象，由学生自己提炼数学问题，并加以解答。

②尝试建立二次甚至多次考试或者各校自主命题考试的方法，充分考查学生的数学应用能力。例如，可以在保留统一中考的前提下，允许和鼓励学校对其数学创新能力和应用能力进行加试，或者允许部分学校自主命题，重在考查学生的数学创新能力和应用能力。

③对于教师的考查应以其学生解决创新性问题和应用性问题的能力为主要考查对象，避免以升学率来评价教师水平的狭隘功利主义的做法。

2.教材质量的评价指标应该向应用与创新方面大幅度倾斜

随着新的教育制度的发展，除了人民教育出版社的全国性数学教材以外，很多省市也都编写了适用于本省市的教材。这样的方式符合因地制宜的教学原则，但这些教材的编写水平却参差不齐。因此，在众多教材并行的情况下，如何选择和评价教材，也必须遵循一定的标准。

建议国家教育主管部门在数学教材的编写方面，制定统一的规范，要特别强调数学应用与创新意识的考查。

3.加强对中学教师数学应用意识的培训和考查

在职的中学教师大多是在传统的应试教育的背景下接受的基础教育，因此其知识和意识在数学应用与创新方面都是相对不足的。即使是在其高等教育阶段，受到了一些创新意识的训练，但是由于基础教育的不足，制约了这些应用意识和创新的深入与提高。特别是在他们参加工作以后，受到应试目标和教学大纲的影响，难以自觉、持续地提高其自身的数学应用意识和创新意识。因此，有必要对在职数学教师进行继续教育，在对其职业培训及业务考评内容等环节加以改革，强化数学应用与创新意识。培训和考评指标应该包括以下几点：教师应用数学知识和方法解决实际问题的能力、意识；教师对现行教材中相关内容不足的认识能力；教师在加强学生数学应用意识培养方面的主动性和创造性的程度；教师在教案、教法及试题设计等方面的特点和问题。

4.加深数学与其他各科之间的联系以利于培养学生全面的数学应用意识

我国现行的数学教育制度在中学阶段就过多地呈现出了专业化教育的特点。似乎只有本学科才存在数学问题，其他学科都与数学关系较远（如化学、物理），甚至根本没有什么关系（如历史学、地理学等）。实际上，化学、物理学中的数学方法，虽然是大学里的基础课程，但是在中学阶段也可以进行一些比较简单的内容安排；中学化学、物理中的定量分析以及推理方法，可以借助于数学模型进行更为清晰的说明。即使是地理学中的气候分析、历史学中的数据来源等很多知识点，都可以通过数学依据（统计学中的知识和方法）来加以说明，从而给人更深层次的说服力，形成更高的可信度。经济学的数学化成就，已经给予了我们足够的启示。

更为重要的是，把各个学科的知识与方法数学化，可以培养学生的科学精神和思维品质。因此，应该努力建立数学与其他知识的联系。

三、初中数学应用意识培养的意义

解决问题能力的培养需要在具体的问题情景中让学生去探索、去发现，解决问题可能需要多种数学途径和方法，不只是简单地套用公式去解决。要使学生学会从现实情景中提出问题，找出某种数学模型，就需要具备一定的数学应用意识。学会将生活中的一些问题转化成数学问题，是学习数学应具有的思维方式，这种思维方式需要数学应用意识的指引。学生具有的数学应用意识越强，解决问题的能力就越高。作为教育者，应培养学生学会数学地思考，使学生形成数学化和抽象化的数学观点，运用数学进行预测的能力，提高运用数学工具解决现实问题的能力。

（一）有助于学生利用数学知识理解和解释现实问题

数学是人们认识人类社会、自然界和日常生活的重要工具。初中生学习数学知识，一方面是为进一步学习数学知识和其他自然科学打下基础，另一方面是要学会运用数学的方法和数学的观点认识客观世界，学会运用数学的方法观察认识事物、处理问题。培养学生的数学应用意识就是使学生能够更多地运用数学处理和解决现实问题，有意识地将现实问题与数学知识建立起一定的联系。

每一个学生养成一定的数学应用意识，将对他们以后的生活和工作带来益处。在初中阶段的数学教育中培养学生的数学应用意识，目的就在于使学生学会数学地思考，学会用数学的方法理解和解释现实生活中的问题。数学应用意识的培养在数学教育中起着重要的作用，也是提高学生数学素养的重要标志，同时也是培养学生创新精神与实践能力的需要。

（二）有利于提高学生提出问题和解决问题的能力

解决问题能力的培养需要在具体的问题情景中让学生去探索、去发现，解决问题可能需要多种数学途径和方法，而不只是简单地套用公式解决数学问题。要使学生学会从现实情景中提出问题，找出某种数学模型，就需要具备一定的数学应用意识。学会将生活中的一些问题转化成数学问题，是学习数学应具有的思维方式，这种思维方式需要数学应用意识的指引。学生具有的数学应用意识越强，解决问题的能力就越高。作为教育者，应培养学生学会数学地思考，要使学生形成数学化和抽象化的数学观点，运用数学进行预测的能力，提高运用数学工具解决现实问题的能力。

（三）学生数学应用意识养成是时代赋予数学教育的新课题

数学是一切自然科学的基础。当今社会的发展，特别是高新技术的迅猛发展，离不开数学的支撑。拥有一定的数学知识，具备一定的数学素养已经成为当代人必备的基本素养。人们的意识决定着人们的行为，意识在很大程度上决定或调控着人们的言行。数学应用意识作为数学探究、数学思维、数学实践、数学应用等数学活动的内在动力，对学生进行培养是拥有数学素养的重要方法。

教育的目的在于启迪人的智慧，培养人的素质，促进人的全面发展。初中学生数学应用意识的教育和培养，将会促进学生的数学应用意识萌发、生成、发展，使学生的素质结构更加科学。培养学生用数学思维和数学方法解决问题的习惯，为学生认识客观世界提供了有力的工具，更提升了他们的创新能力。培养学生数学应用意识，也将促进教师数学应用意识的觉醒、发展、升华，促使教师转变教育理念、提高自身数学修养，进一步提升教学水平。中学生数学应用意识的养成，是当今每位数学教育者都应面对并且亟待研究、解决的问题，这是时代赋予数学教育者的新的使命。

第三章 初中数学应用能力提升策略之一——数学建模小组

数学有着广泛的应用，这是数学的基本特征之一。生产和科学技术的不断发展，为数学的应用提供了广阔的前景。应用数学的地位日益上升，数学建模成了数学和科学工作者面临的重要课题。如何合理有效地实施数学建模教学是许多初中数学教师感到困惑的一大难题。因此，研究在初中阶段如何开展数学建模教学具有重要意义。

第一节 数学建模相关概念

一、数学模型

数学模型的含义很广，提法很多。蔡锁章先生在《数学建模原理与方法》一书中提道："解决某个现实问题为目的，从该问题中抽象、归结的数学问题就成为数学模型"[1]。更简洁地，也可以认为数学模型就是用数学术语对现实问题的具体描述。吴翊、吴孟达、成礼智在《数学建模的理论与实践》中认为，数学模型可以描述为对于一个特定对象为了一个特定目标，根据特有的内在规律，做出一些必要的简化假设，运用适当的数学工具得到的一个数学结构[2]。广义上来说，数学本身就是刻画现实世界的模型。陈昌平指出，数学建模即参考现实模型，将事物系统的重点特征抽象化，借助数学语言描述内在数学结构和特点[3]。周春荔指出，从方法论方面来讲，数学建模本身也是一种数学思想

---

[1] 蔡锁章.数学建模原理与方法 [M]. 北京：海洋出版社，2000.

[2] 吴翊，吴孟达，成礼智.数学建模的理论与实践 [M]. 长沙：国防科技大学出版社，1999.

[3] 陈昌平.数学教育比较与研究 [M]. 上海：华东师范大学出版社，1995.

手段；从教学方面讲，数学建模是一种数学活动[1]。因此，概括得出了数学模型的含义：数学模型是为了一个特定目的，将现实问题用数学术语进行描述，运用数学工具得到的数学结构。

二、数学建模

著名数学学者徐利治教授在其著作《数学方法论选讲》中明确指出，数学模型，说的是针对某具体事物的关键特征或内在数量关系，借助数学语言，总结性地描述内在数学结构[2]。蔡锁章学者在《数学建模原理与方法》中指出，建立数学模型的过程称为数学建模。用数学模型解决现实问题即先建立数学模型，然后通过对数学问题的探求，经历反复多次地简化、抽象、检验、评价，得到理想的数学模型。其中关键的思想方法就是通过对现实问题的观察、归纳、假设，将其转化为数学问题。在《高中数学新课程理念与实施》中，数学建模是把现实世界中的实际问题加以提炼、抽象为数学模型，求出数学模型的解，验证模型的合理性，并用数学模型所提供的解答来解释现实问题，把数学知识的这一应用过程称为数学建模[3]。综上所述，数学建模就是运用数学眼光解释实际问题，并接受实际的检验来建立数学模型，进而解决问题的全过程。

三、数学建模教学

基于以上关于数学模型与数学建模的概念界定，本书所讨论的数学建模教学是指在数学教学中，教师结合数学课本内容，将未经简化抽象的现实生活问题带到教学活动中，引导学生在数学课堂、数学活动、课后思考以及生活实际中更好地运用观察、理解、抽象、概括、比较、分析、综合等基本的数学思维方法，最大程度地调动已获得的数学知识，以数学的眼光研究实际生活中的问题，建立相应的数学模型来解决实际问题的教学过程。

在这一过程中，学生遇到的问题是用数学的眼光看问题，将现实问题抽象成数学问题。在这一转化、抽象的过程中，如何有效地将数学知识进行迁移起着至关重要的作用。其中，精选材料；注意教学材料与程序的编排；改进教材呈现方式；促进教学方法多样化；提高知识的概括化水平；教授学习策略，培养学生的迁移意识等都可以有效地促进学生灵活运用知识，将数学知识迁移到实际问题中。因此研究分析初中阶段建模教学状况以及初中建模数学教学的现

① 周春荔. 建模与中学数学教育 [J]. 数学教育学报，1996（2）：40-43.

② 徐利治. 数学方法论选讲 [M]. 武汉：华中理工大学出版社，2001.

③ 教育部. 高中数学新课程理念与实施 [M]. 海口：海南教育出版社，2004.

状的原因，找到更合适的建模教学方法，提高学生问题解决能力等都具有重要意义。

四、数学建模教学与数学核心素养间的联系

数学模型思想强调从实际生活抽象出数学问题，再用数学模型如方程、函数、不等式等解决，使学生感受数学的实用价值；应用意识强调要注重学生有意识地利用概念、方法、原理解释现实世界中的问题。而数学建模其实也是一个综合各个数学素养解决现实问题的过程。例如，将数学情境抽象成数学符号语言进行推导；运用几何直观从实际问题中抽象出几何模型，借助几何知识解决实际问题；运用数据分析观念，建构统计模型；等等。

由此可以看出，数学建模教学不仅可以帮助学生学会应用知识解决问题，也可以培养学生灵活运用知识，加深对知识间关系的理解，建构自己的数学知识结构。在将实际问题数学化以后，教师应引导学生自主地运用数学知识解决问题。在这一环节中，学生自己"做"数学、用数学、提出假设、验证假设，在感受研究问题的严谨科学的过程中增强学习数学的自主性，体会数学的实用价值，感受数学带给自己的成功的喜悦。这不仅符合建构主义的学生观和学习观，也符合多元智能理论，同时也在一定程度上激发了学生的学习动机，使数学的学习过程变得丰富，灵活又有趣，从而培养了学生应用意识和应用数学的能力，最终使学生提升适应现代化社会要求的可持续发展的素养。

五、数学建模的一般过程

1. 建模准备

要考虑实际问题的背景，掌握必要的数据资料，分析问题所涉及的量的关系，弄清其对象的本质特征，根据情境提出或者分析问题。

2. 模型假设

根据实际问题的特征和建模的目的，将现实问题数学化，并进行假设，根据假设选择有关模型。

3. 建立模型

根据数学化的问题或者模型假设，建立数学模型，利用适当的数学工具，建立各个量之间的定量或定性关系，初步形成数学模型，尽可能采用简单的数学工具。

4. 模型求解

根据已建立数学模型进行求解，得到具体问题的解决方案与结果。

5. 模型分析

运用数学相关知识对模型求解得到的结果进行分析，以问题自身性质为依据从数学角度预测结果，或者从数学角度进行决策和控制等。

6. 模型检验

用问题检验结果，用问题中的真实数据测试模型是否科学合理。只有经得起检验、评价的模型，才可以被认定没有问题，如果不符合实际要求就应该立即对模型做出适当调整。

第二节　数学建模思想融入初中数学教学的理论基础

一、人本主义学习理论

人本主义心理学是 20 世纪 50 年代至 60 年代在美国兴起的心理学派别，主要代表人物有马斯洛、弗洛姆、罗杰斯等。该学派试图从行为者本身，而不是从观察者的角度来解释和理解行为，关注的是感情、知觉、信念和意图这些使一个人不同于另一个人的内部行为。它的研究主题是人的潜能和价值问题，主要理论是"自我实现理论"。该学派自产生以来，对心理学研究有重大的冲击作用，对教育等方面也同样有巨大的影响。

（一）人本主义的学习观

以罗杰斯为代表的人本主义学习理论有以下观点：强调"学生中心"，重视自我概念的发展，主张有意义的学习，提倡促进学生学会学习。

1. 强调"学生中心"

人天生就有寻求真理、探索秘密和创造的欲望以及自我主动学习的潜能。学习过程就是这种潜能自主发挥的过程。"在合适的条件下，个人所具有的学习、发现、丰富知识与经验的潜能和欲望是能够释放出来的"[①]。因此，必须把学生看作"完整的人"（包括智慧和情感），相信学生的本性是积极向上的；相信学生能进行自我教育，发挥自己的潜能，最终达到"自我实现"。教学必须以学生为中心，把学生视为教学活动的主体。尊重学生的个人经验，创设环境，

---

① 周谦. 学习心理学 [M]. 北京：科学出版社，1992.

设法满足学生渴望学习的人性。

2. 重视自我概念的发展

自我概念指个人的信念、价值观和基本态度，它对学生学习有重要的影响。个人学习内容的选择，期望达到的目标，往往取决于他对自己的看法。"个人常根据事物与自我概念是否一致而表现出不同的行为和学习方式。"[①]

当自我概念及经验与自我实现的目标相一致时，会产生积极的体验，学习就会取得进展。反之，则会产生消极的体验，引起焦虑情绪。当自我概念遭到怀疑时，会采取防御态势，甚至歪曲真实情感，以致妨碍学习。

罗杰斯强调，只有学生整个人（包括理智和情感）的自我发起的学习，才最持久、最深刻。为了使儿童成为独立自主的人，从小就应让他有各种机会，如自我判断、自我评价、自我实现，并允许他犯错误等。

因此，在学习中必须重视学生的意愿、情感、需要和价值观。不仅应使学生获得知识、技能和智力发展，而且要使学生注意探究自己的情感，学会正确阐明自己的价值观和态度，激发自己的潜能释放，并使人格健康发展。

3. 主张有意义的学习

这里的意义学习指使个体的行为、态度、个性以及在未来选择行动方针时发生重大变化的学习，而不仅仅是事实的积累。它关注学习内容与个人之间的关系，是整个人的学习。它有四个要素：①学习具有个人参与的性质，即整个人都投入学习活动；②学习是自我发起的，动力或刺激可能来源于外部，但发现、获得、掌握、理解的意义是来自于内部；③学习是渗透性的，它会使学生的行为、态度乃至个性都发生变化；④学习是由学生自我评价的。

罗杰斯指出，当学生觉察到主题线索与他们的目的的关系时，就会产生有意义的学习。有意义学习的获得，大多是通过"做"。最有用的学习是了解学习过程，对经验始终持开放态度，把经验结合到自己的变化过程中去。

4. 提倡促进学生学会学习

人本主义学习论者根据对学习的认识，就教育目标、教学工作和教师要求等方面，提出许多建议，这些建议的中心是教育和教学都应促进学生学会适应变化和如何学习。

他们认为教育目标应培养"充分发挥作用的人"：能充分激发个人的潜能；在现实中能自我提高；行为恰当，能适应社会，有创造性，不断变化和发展，经常发现自己并时刻在自己身上发现新东西；富于自信，能够自尊也尊重别人。

① 刘宣文 . 罗杰斯人本主义教学观述评 [J]. 浙江师大学报，1999（2）：81-83.

因此，培养目标应使学生成为会学习的人，会应变的人，从而成为能适应社会要求，充分发挥作用的人。

（二）人本主义的教学观

基于以上观点，我们认为，根据教育目标和培养目标，教学工作的着眼点应放在促进学习的过程上，促进意义的学习上，促进学生自我实现的学习动机和人格的充分发展上。教学应当"以学生为中心"，教师应成为进行有意义的学习和学会如何学习的促进者，也应是使学生形成学习动机，实现学习目标，学会如何交往和生活的促进者；作为一个良好的促进者，教师应有信仰、情感，应有独创精神，应对学生的情感、意见、个性进行奖赏、认可和关心；"教学的价值不是单纯为装备学生的知识，主要是发展学生的创造力，形成独立自主的个性，以适应当今世界迅速变化的新形势"[1]。

人本主义的学习理论非常重视学生在学习活动中的主体地位，强调学生学习能力的培养，强调在学生原有认知水平上促成学生有意义的学习，这也正是我们开展数学建模教学的主要依据之一。数学建模教学中问题的选择考虑学生已有的知识水平和能力水平的基础上，"要他们解决的问题是以现有知识为起点，经过学生的努力是可以完成的，提起学生对研究问题的兴趣，使学生感受到有应用价值"。人本主义强调学生之间的交往与合作，数学建模教学过程中注重学生之间解决数学应用问题的经验、心得、方法的交流讨论。[2] 教学过程中教师要重视学生解决问题的过程，启迪学生的思维。在学生解决问题的过程中给予恰当的评价，促进学生的反思。可以说罗杰斯（Carl R.Rogers）归纳的学习原则分别从学习内容、学习环境、学习方式、学习动机和学习评价等方面为数学建模教学提供了理论依据。

二、问题解决理论

问题解决一般指个体通过遵守、利用并超越过去所学规则以产生一个新答案的过程。[3] 当前多数心理学家对问题解决持阶段论思想，即总结为五个阶段：发现问题阶段、表征问题阶段、选择恰当策略阶段、应用策略阶段、评价反思阶段。影响问题解决的因素，主要有个体的知识经验，智力和动机，思维的定势和固着，原型启发和酝酿反应以及问题情境与表征方式等。

---

① 刘宣文.罗杰斯人本主义教学观述评 [J].浙江师大学报，1999（2）：81-83.

② 任升录，李英，魏新魁.高中数学应用性问题——建模·单元·题组·典型 [M].上海：上海大学出版社，2001.

③ 张晓贵.中学数学教学设计案例与分析 [M].合肥：中国科学技术大学出版社，2016.

最新提出数学问题解决是在 20 世纪 80 年代,全美数学教师联合会(NCTM)在 20 世纪 80 年代就明确提出要将问题解决作为美国数学教学的焦点。而在其 1989 年推出的《学校数学课程与评价标准》(*the Curriculum and Evaluation Standards for School Mathematics*)中对 K-12 年级各年级的数学问题解决提出了具体的要求。

传统的数学习题与数学问题不同。数学习题具有结构良好(即条件不多不少)、方法已知和结论明确的特点,而数学问题题目具有条件不足或解题方法未知或结论不明确的特点。数学问题具有障碍性和相对性。数学问题不是数学习题,甚至也不是难度较大的习题,而是需要补充条件、设计解决方法以及从不同角度进行思考从而得到不同答案的过程,从难度上来说往往比习题难度大,更准确地说,数学问题和难度较大的数学习题是两种不同的难度,后者的难往往在于其复杂性和运用的巧妙性上,前者的难往往在于其不同于常规的难。数学习题能够巩固学生的数学知识,数学问题则能够促进学生创造性地解决问题,并发展学生利用数学的意识和能力。实际上,全美数学教师联合会在提出数学教学中应该加强问题解决的教学时就强调问题解决实质上就是一种创造。

当前,我国的《义务教育数学课程标准》和《初中数学课程标准》对于培养学生的问题解决能力都给予了特别的重视。而数学建模思想能更好地提高学生的问题解决能力和数学应用意识。教师在模型思想教学时,要结合个体的现有知识和生活经验、根据大部分学生的智力水平和学习动机、克服学生的思维定式和功能固着,促进学生灵活运用数学知识。同时模型思想教学一般采用了原型启发和酝酿的方式,根据现实生活实际,创设情境,设计问题,进而解决实际问题。在问题解决后,带领学生进行评价反思,以促进学生的后续发展。这样,数学模型就成为我们解决问题的有效工具。

第三节　初中数学建模教学现状分析及建议

一、学生对数学建模的认知

通过对学生的调查可以发现,大部分的初中生对初中数学建模教学及其应用价值有所了解,但是缺乏对数学建模更进一步的认识,如只有少部分学生了解初中数学建模的一般过程和一般策略。这些现象就说明,学生对于数学建模的认识只停留在表面,对于如何正确运用建模思想来解决问题,还有很长的路要走。

针对这一点,教师可以在教学中采取合适的方式向学生渗透数学建模的理论知识和系统方法。例如，在分析问题或者解决完一道问题时，运用流程图的方式向学生展示或者引导学生自己总结建模的过程。

二、解决数学建模问题的自我效能感

大部分学生对于数学建模的活动很感兴趣，面对抽象的数学概念、定理公式，很多学生愿意通过联系生活实际加深对它们的理解，但是由于缺乏关于建模策略和过程的系统学习等因素，学生对于解决数学建模类问题的自我效能感比较低，将数学真正应用于实际生活的能力也较低。

针对这一点，首先教师可以有针对性地提出适合学生认知发展阶段的问题，引导学生在自己的发展区内有效解决建模问题，及时给予学生反馈，使学生获得成功的体验，从而增强自我效能感。其次教师可以引导学生小组合作探究现实生活中的数学问题，使学生在合作交流的过程中，共同收获失败与改进的过程，体验成功与喜悦，同时提高与他人交流合作的能力。

三、性别差异对数学建模问题态度的不同

在对数学建模的认识上，男生和女生没有太大差距，但是在对于建模活动的态度上，女生相比于男生更喜欢数学建模活动，在遇到困难时更多地选择通过各种方法去解决，不轻易放弃，在生活学习中更愿意运用数学建模来解决问题。但是，在数学建模能力上，男生的数学建模能力比女生略高。

针对这一点，教师可以在数学建模教学中引导学生以小组为单位，通过男生女生的合作，培养男生对解决数学建模问题的韧性与兴趣。与此同时，由于男女生在思维方式上存在差异，这样的交流合作也有利于弥补各自的不足，在合作中提高。

四、学生数学知识的掌握

通过对优等生、中等生、后进生的研究，可以发现数学成绩好的学生，无论是在数学建模的认识、态度以及能力上都有较好的表现。这就说明，数学建模能力的提高离不开对数学基础知识的牢固掌握。学生只有在充分理解了数学基础知识，理解它的本质的基础上，才能谈到对数学知识的应用，才能在面对一个实际问题时，灵活流畅地想到数学模型，得到解决建模问题的方法。

针对这一点，教师在数学教学中，夯实学生的基础知识，需通过大量的实例引导学生理解基础知识的本质特征，同时给予必要的情境性练习，使学生获得将所学的数学知识应用于实际生活的意识。

五、教师对数学建模教学的认识

根据调查，大部分教师对数学建模教学比较重视，他们对数学建模思想的渗透多采用提供数学建模类问题让学生思考的方式。但是，在大部分学生看来，相比提供数学建模类问题，教师在课堂上较少利用生活实际与抽象的数学知识相联系的方法渗透数学建模思想。这就导致学生在学习数学基础知识的时候，不能更好地联系实际，不能更好地加深对知识的理解，将数学知识迁移实际生活中。同样的问题也体现在对数学建模能力的调查方面。从这一点也看出，教师进行的数学建模类教学，多数是以与课本密切相关的题型为依据的，较少关注学生的生活实际。

针对这一点，教师自己应该深入地理解数学基础知识其他的价值，在备课及平时的教学与实际生活中做到善于发现问题、善于思考问题，为数学基础知识找到更多的生活原型。这一过程不仅可以加深学生对数学基础知识的理解与运用，还增加了课堂的丰富性、趣味性，使学生在一定程度上摆脱了枯燥的理论知识的学习，将具体与抽象相结合，感受数学知识的抽象美与应用美。

六、考试评价的特点

在进行学生数学建模能力的调查中，有的教师表示有很多实施数学建模教学的想法，但是这中间还是有许多的困难。首要的一点就是初中教学和考试的压力，学生并没有过多的时间开展数学建模的活动，所以只能在有限的课堂教学中对其进行数学建模思想的渗透。

针对这一点，在考察数学基础知识基本题型的基础上，可以尝试通过建模类的问题，引导数学教学与生活实际相联系。

七、教师教学方式的影响

根据调查可知，在数学建模教学方式的选择上，大部分学生倾向于教师指导小组讨论，一部分学生倾向于小组讨论探究，较少的学生倾向于教师直接讲解。大部分的学生在教师讲解建模类问题时，倾向于慢慢地想、逐步理解；对于数学建模教学顺序的倾向上，大部分的学生喜欢先听讲后练习，较少的学生喜欢教师一直讲。

所以针对学生对教师教学方式的倾向，教师应该结合教学实际采用多种教学方法，尽量保证直接讲解与小组探究相结合，根据学生的反应调控教学速度，根据实际情况，讲练结合，有效激发学生对数学建模学习的热情。

第四节　初中数学建模教学的原则及方法

一、初中数学建模教学的原则

数学建模所要解决的问题，大部分是实际生活中的例子，从构造数学模型、设计求解模型的方法到再回顾等整个过程由学生去发现、去设计、去创新、去完成，而教师的作用是只为学生的创造性思维提供良好的环境和机会，乃至服务。同时，为了培养更多的成功的问题的解决者，不应该鼓励学生多解模仿性的问题，因为一旦学生习惯这种近似机械操作后，他们产生生动美好的过程的能力、思维能力就会大大降低，应该大力倡导主动的精神及细致的作风。为了使数学建模在素质教育中发挥应有的作用，根据数学建模的特征，在初中数学课程中，数学建模教学要遵循如下原则。

（一）目的性原则

初中数学建模教学要有明确的目的性，一是要为促进学生的知识、技能和能力等的全面发展以及为学生的进一步的学习服务；二是要培养学生的社会实践能力，使学生能善于将实际问题转化为数学问题，并通过建立模型、解数学模型、分析数学模型提高数学意识，为社会主义经济建设培养实用型人才奠定基础，达到提高劳动者素质的目的。

（二）因材施教原则

因材施教原则是教育教学的一条基本原则，在初中数学建模的实施过程中可以分为因地施教、因时施教、因人施教。

1.因地施教

初中生各自熟悉的实际问题是千差万别的，所以在数学建模教学中宜选择学生身边的实际问题，这样做至少有两点好处：一是容易使学生建立比较好的，考虑比较周到的数学模型；二是使学生真正体会到数学的应用，否则还是纸上谈兵，教学建模只是形式而已，与做普通应用题毫无区别。

2.因时施教

这里的时是指学生所处的不同时期，不同年级，因为学生的数学基础知识是逐步学得的，人们在不同的年级所具有的能力、知识是不相同的，依据学习过程的认知论原则，教学必须以发展为目标。进行数学建模教学的内容和方法也应有所区别，应该经历一个循序渐进、逐步提高的过程，如在初中阶段的数学应用与建模主要应控制在"简单应用"和一部分"复杂应用"的水平上，教师可以通过一些不大复杂的应用问题，引领学生一起来完成数学化的过程，给学生一些数学应用和数学建模的体验。

3. 因人施教

因人施教是指根据每个人的原认知结构不同，以不同的方法施教，原认知结构是指原认知中处于活跃的、敏感的部分，通俗地说，就是记得住，会运用的部分。不同年级的学生自然有不同的原认知结构，即使是同年级的学生，虽然他们头脑中的知识相同，技能培养和训练也大体一致，即认知相同，但各人原认知中的活跃点、敏感点不同，他们的解题方法技巧也会大相径庭。学生的原认知结构和他们的数学学习关系十分密切，原认知结构不同，解题思路，解题方法也会不同，真正制约学生解题的并不是学生原有知识水平，而是原认知结构，教师如果能了解学生的原认知结构，找出问题之间的联系，即使有相当难度的题目也可以被学生攻克。

（三）可接受性原则

初中数学建模教学的内容、方法要适合学校和学生的具体实际，一是进行建模教学活动的内容和方法要符合学生的年龄特征、智力发展水平和心理特征，适合学生的认知水平，既要让学生理解内容、接受方法，又要使学生通过参加活动后，认知水平达到一定程度的新的飞跃。不切实际的问题，不适合学生的认知水平的建模教学活动，不但达不到目的，而且会导致学生的兴趣、爱好被扼杀。二是问题和模型要贴近生活、联系实际，要密切联系课本内容，使学生有兴趣、有能力去尝试解决的问题。要使建模教学与教学内容紧密结合起来，分层次逐步地推进。

（四）激励性原则

初中数学建模教学应自始至终贯彻激励性原则，一是在组织建模教学中，应注重贯彻激励教育思想，努力营造出激励学生积极参与教育教学活动的氛围，以表扬为主，恰当指出不足，尊重学生人格，培育学生自尊心、荣誉感，提高学生学习数学和培养应用意识的兴趣，使学生主动地参与，而不是被动地参加；二是要注意调动教师参与的积极性，数学建模教学比一般课堂教学要花更多时间，教师必须付出更多的精力去搜集资料、设计问题、研究模型、设计指导方式等。

（五）创造性原则

初中数学建模教学要坚持以提高学生创造性思维水平为原则。如何培养学生的创新素质是当前教学研究的重要课题，创新素质的基本内涵是创新意识、创造性思维和创造能力等，数学建模活动对提高学生的创新素质具有重大的作用。初中数学建模教学也要以培养学生的创新能力为一个重要的目的，坚持发展和促进学生的创造性思维，提高学生的创新意识。开展数学建模教学活动要坚持创造性原则，还要求教师在教学中创造性地进行教学设计，使得整个建模教学更具创新性。

二、初中数学建模教学的方法

（一）合理的课堂实施形式

根据在初中实施数学建模的性质以及数学建模的培养目标，在初中实施数学建模活动可以采取以下两种形式。

第一种是在正常教学过程中加入数学建模教学环节。在初中实施数学建模活动并不能脱离学生对数学知识的理解和掌握，学生只有具备了扎实的基础知识，才有可能将这些知识应用于解决实际问题中。数学建模活动并不需要脱离教材另辟蹊径，反而应该把数学建模活动与教材基本知识、基本技能的学习结合起来，这种结合体现的是"源"与"流"的结合。所谓"源"就是在教学过程中应注重采用启发式教学法，帮助学生在自己原有知识经验的基础上构建新的知识，使其更加深刻体会到知识是如何产生以及发展的；所谓"流"就是通过数学建模活动的教学，使学生意识到在实际问题中是如何应用这些知识的，从而体验到成功应用知识解决实际问题的乐趣，促进学生更加深入地学习。

第二种是开展课题学习形式的数学建模课外学习活动。在初中进行数学建模教学不能将目标局限于为了补充学生的课外知识量或者说是教会学生去解决一些具体的实际问题，更重要的是要在数学建模活动中培养学生应用数学知识的意识以及积累必要的数学基本活动经验。因此数学建模应该更加注重学生参与整个活动的过程，把教学活动更自觉地变成是学生活动的过程。在活动过程中可以通过教师创设的问题情景，学生在教师所创设的问题情景的背景下，独立运用数学解决问题，并在解决问题的过程中深化对数学知识的理解，在这个过程中不断获取必要的数学活动经验，为进一步学习与发展打下扎实的基础。

（二）教师角色的转变

数学建模教学不同于传统的课堂，传统的课堂中教师总是扮演"讲演者""正确示范者"的角色，而数学建模教学更强调学生积极主动参与的过程，整个教学过程转变成学生活动的过程，因此教师能够合理定位自己在这个活动过程中的定位，是整个活动顺利进行的关键因素。教师在数学建模活动过程中主要应扮演以下四个角色。

1. 活动的设计者

数学建模教学作为一种教育活动必须有一定的目的性与方向性，只有这样才能使学生在这个活动过程中得到充分的发展。因此一个好的活动计划显得非常的关键，教师作为学生学习上的引导者，应扮演好活动设计者这个角色。为此教师必须统筹好整个活动的各个环节，包括创设适合学生进行的问题情景，预设学生进行活动的方式，学生活动结果的呈现方式，对学生活动过程的评价方式等。其中每一个环节又都需要教师精心设计，以使活动能够顺利地开展，尽可能地使每个学生都能参与到数学建模活动中。

2. 示范者

首先，在刚开始进行建模教学的时候，应注重对建模思维活动的揭示，使学生体会到数学建模各个环节的要领，从而对数学建模有一个整体上的把握。其次，当学生尝试开始独立进行数学建模的过程中，教师则可以在适当的环节表现事物的开端和"拨乱反正"的思维技能。例如，当学生得出表面积最小的打包方式时，教师则适时地提出"为什么外面买的纸巾不是这样打包的"，教师适时地提问能够调动学生主动思考的积极性；再如，当学生提出不用算出所列式子的所有面积值时，教师则表现出非常好奇地想知道学生是如何做到的，故作不知，问原因、找漏洞，督促学生弄清楚、说明白。

3. 学习的促进者

学习的促进者可以从两方面来看，一方面是当学生在数学活动过程中碰到障碍寻求帮助时，教师能够根据学生的特点，向不同的学生提供不同的参考信息，但是这些信息必须具有思考价值，而不能直接向学生提供现成的思路和答案。这就要求教师能够充分地了解每个学生的特点，有针对性地帮助学生。另一方面是教师能够主动参与到学生的建模活动过程中，了解学生建模过程中思维的发展情况，主动与学生交流，在交流中不仅要善于倾听学生的观点，而且可以适时地发表自己的观点，从而促进学生多角度看待问题的视角。

4. 鉴赏者

教师应鼓励学生将自己的数学建模过程整理成报告、小作文或论文的形式，开展学习交流会、报告会等，通过积极的评价来肯定学生的工作成果和价值，同时提出自己的看法、改进意见等。在交流与评价的过程中，学生不仅能够从别人的分享中得到不一样的解决实际问题的方式，而且在精心准备与同学分享学习成果的同时，能够提高自己对活动经验的总结与反思，在不断的磨炼中，逐步提高学生数学建模的水平。

第五节　初中数学建模教学案例分析及思考

一、数学建模思想融入初中课堂的教学案例

（一）让学生学会抓重点字、句、式等

不等式是刻画现实世界数量关系不等的模型。在市场经营、生产决策和社会生活，如估计生产数量、核定价格范围、盈亏平衡分析、投资决策等中建立不等式模型，则可挖掘实际问题所隐含的数量关系，转化为不等式（组）的求解或目标函数在闭区间的最值问题。

例 1　某化工厂制订明年某化工产品的生产计划，已有如下数据。

①生产此产品的工人数不超过 200 人。

②每个工人年工时约计 2100 工时。

③预计此产品明年销售量至少 80000 袋。

④每袋需用 4 工时。

⑤每袋需用原料 20 kg。

⑥目前库存原料 800 t，今年还需用 200 t，明年还可补充 1200 t。

试根据上述数据决定该厂明年可能的产量。

分析与简解：这是不等式在决策中的应用问题，由于此题题目较长，数量关系多而分散。遇到这种"长题"，学生容易产生恐惧心理，似乎"一下子难以抓住"，因此必须冷静、耐心地阅读题目，仔细理解题意，把有关的数量关系找出来，与求解的问题联系起来，寻求解题方法。通过分析可知，此题中明年可能的产量与下面的三个因素有关。

①劳动力因素：不应超过厂里现有工人数。

②销售因素：至少 80000 袋。

③原料因素：不应超过厂里现有工人数。

由此可建立如下不等式组。设明年可能产量为 x 袋，则

$$\begin{cases} 4x \leqslant 200 \times 2100 \\ 20x \leqslant (800-200+1200) \times 1000 \\ x \geqslant 8000 \end{cases}$$

解该不等式组得 $80000 \leqslant x \leqslant 90000$。

故明年可能的产量应定在 80000～900000 袋之间。

通过训练学生应抓重点字、句、式，在遇到条件复杂的建模题时，能很快地从众多条件中寻找到有用的信息，提高他们解决问题的能力。

（二）注重学生的实践活动，提高数学建模能力

实践与综合应用是数学的一个学习领域，对于改变学生的数学学习方式，提高学生解决问题的能力都具有重要意义。实践与综合应用实际上是一类重要的解决问题的活动。学生的建模能力差，一个重要原因是缺乏实际问题转化为数学模型的经验。因此有必要带领学生开展一些实践活动，使他们容易地将问题情境语言转化为数学符号语言。例如，在一道银行利率问题教学中，不管教师在课堂上如何讲，利率和本金是什么意思，不计复利与计复利的区别，学生还是弄不明白。然后教师布置了任务，要求家长利用周末的时间带学生去银行了解情况，学生和家长一起探讨家中存款如何存才能获得较大的收益。通过这样的实践活动，原来课堂上费九牛二虎之力也无法理解的利率问题，学生很快就弄明白了。

教师还可以带领学生通过实践操作，解决一些实际问题。如利用解直角三角形的知识，解决有关测量底部可以到达物体的高度问题等。

例2 一次英语知识竞赛，两班学生成绩统计如表3-1所示。

表3-1 成绩统计

分数		50	60	70	80	90	100
人数	甲班	2	5	10	13	14	6
	乙班	4	4	16	2	12	12

已经算出两个班平均得分都是80分，试根据自己所学过的统计知识，进一步判断两个班在这次竞赛中哪个班成绩较好，并说明理由。

问题一提出，同学们认为这个问题关系自己班的荣誉，很有兴趣，于是展开了研究。利用统计知识，进行计算，他们通过自己的实际操作，得出如下结论。

解：①从众数看，甲班为90分，乙班为70分，甲班成绩较好。

②从中位数看，甲、乙两班均为80分，平均分相同，从在平均分80以上

的人数看，甲班有 33 人，乙班有 26 人，故甲班成绩较好。

③从方差上看，$S_{甲}^2$ =172，$S_{乙}^2$ =256，甲班成绩较稳定，即甲班成绩较好。

④从统计表看，高于 80 分的人数乙班较多，得满分的人数也是乙班多，高分段成绩乙班较好。

学习统计知识的目的并不是让学生只会计算平均数、中位数、方差等，更重要的是让学生理解为什么需要它们，什么样的场合下使用它们。在建模教学的情境中，学生能通过对现实问题的分析真正理解这些概念的含义。

实践证明，采取以上数学建模教学策略后，学生学习数学的兴趣更浓了，不少同学的数学建模能力有明显提高。

二、数学建模教学案例的思考

课堂教学中，利用案例开展数学建模并使其思想融入实践教学，教师在了解初中数学教学特点的基础上，还要注意以下几个方面的问题。

（一）课堂教学中渗透数学思想方法

数学课堂教学不能单纯地只讲授书本上的基本知识，而应该介绍常用的数学思想方法，让学生掌握数学蕴含的最根本的东西，然后具体问题具体分析。教学时可以先结合具体问题，给学生出示解答问题的基本方法、步骤，然后总结解题的一般过程，最后把数学建模思想介绍给学生。对应用数学建模思想的问题，可按以下步骤进行：审题、发现问题、分析问题、建立模型、求解、检验、解决问题。

（二）引导学生对应用问题进行归类

在应用题教学时，教师可以根据所学章节内容，引导学生对应用问题进行归类，增强学生的概括能力。这样，学生再遇到近似的实际情景中的应用题时，就会通过类比寻找记忆中与题目类似的事件，发挥想象，通过变式、思考等思维活动，积极参与，创造性地进行问题解决。

（三）正确对待练习

练习的目的是促进学生对知识的理解，形成相应的技能，积累一定的数学活动经验。这里所说的"练习"不是数学题目的机械练习，而应当是学生把已学的数学理论、技能、活动经验应用到具体情境中的一种复现。练习应重在理解，不能只追求数量，也可以运用课本题目进行变式训练，增强学生的建模思想的应用能力。

第四章 初中数学应用能力提升策略之二——自主学习

自主学习一般是指个体自觉确定学习目标、制订学习计划、选择学习方法、监控学习过程、评价学习结果的过程或能力。在初中数学应用能力培养中，实施自主学习教学模式有助于培养学生自主学习的习惯及能力，对学生后续的学习及深造有深远影响。因此，本章将对初中数学应用能力提升的策略——自主学习进行详细的介绍。

第一节 自主学习概述

一、自主学习的概念及特征

（一）自主学习的概念

自主学习也称为自我调节的学习，是学习主体在学习目标、过程和效果等诸方面进行自我规划、自我管理、自我调节、自我检测、自我评价和自我反馈的主动建构过程。

其中，广义的自主学习包含通过各种手段和途径进行有目的有选择的学习活动，从而实现自主发展。它包括学校教育、家庭教育、社会教育和个体自主学习在内的一切有目的有选择的学习活动。在这个活动过程中，可以包括教师、学习者、教学内容和教育环境四个要素；也可包括学习者、学习内容和学习环境三个要素；还可只有学习者和学习内容两个要素。狭义的自主学习是学生在教师的科学指导下，通过主动积极的创造性学习活动，实现自主性的发展。可见，狭义的自主学习是指学校教育，包括教师、学生、教学内容、教学环境等四个教学要素。我们通常所说的自主学习指的是狭义的自主学习。

学习是学习主体对社会文化或群体的思想、观念以及解决问题的方法不断内化的活动，具体表现为对一系列原理、定理、规则和规律以及蕴含于其中的方法论的把握和应用，从而形成或锻造出学习主体自身的思维能力，使学习主体的学习"状态"从被动吸收转变为主动吸取、建构。因此，这时的教学活动主要成为学生的学习活动，教师的科学指导是前提条件和基础，学生是活动的主体，学生的主动性、积极性、创造性是活动的中心，实现自主性发展是活动的目的。

（二）自主学习的特征

1. 选择性

自主学习将学习的主动权交给学生，让学生根据自己的需要、兴趣、特点和其他一些主客观条件积极能动地选择适合自己的教育，使教育由外层的强制力量内化为学生主体自身的要求，转化为学生能力体验的过程，从而实现自身主体性的发展。在学习过程中，学生对外界信息的接收、加工、整合和改造也都是有选择地进行过滤、筛选，再优化组合，而且所选择的学习内容既可以是教学大纲规定的学习内容，也可以超出大纲规定；学习某个知识点时，既可以按照教学大纲的要求选择课本相应章节的全部内容，也可以选择其中的部分内容。当然，在学习过程中，学生对学习对象的选择总是有一定的标准和范围的，他们总是选择那些认为最有意义、最有价值，并且能够确实提高自身知识水平或能力素养的内容作为学习客体。

当然个体的教育目标也要求选择在教育的现实条件和可能性之中进行，学生的选择性要求教育活动能满足两个条件：一是适应学生的认识和实践能力，二是满足学生个人的主体需要。自主学习要求学生在大量信息面前具有捕捉信息、敏锐感受和理解的能力，并能根据自己的需要进行分类、整理、引申。

2. 开放性

在自主性学习中，学习的目标和过程都是动态开放的，在学习知识的基础上，更着眼于学习能力与态度的提高；就主体学习的过程与结果来说，不仅要考虑结果，而且应更注重过程。自主性学习中，教师把选择的权利还给了学生，学生可以根据自己的学习情况和自身爱好，选择不同层次的学习目标、学习任务和完成任务的方法，给自己得以施展个性的空间。

学生实践和自我体验获得自主的意识与能力，打破了传统的封闭式课堂教学模式。在实践教学过程中提供问题的背景资料是多角度的，可以是超越大纲和书本、关注与实践紧密结合的知识问题。教学要求也要有相当的弹性，要根据学生身心发展的特殊性和个别差异性，提出相应的要求。而且整个过程是动态的，从教学目标、教学实施环节、教学环境到教学调控以及教学反馈评价都体现了开放性。自主学习改变了传统的教学理念，一定程度上使教与学的关系发生了根本性变化，把学生的"要我学"转为"我要学"，教师也不仅只作为"知识传授者"，还要作为"研究者""组织者""促进者"，尊重个体差异性，引导个性发展，突破课堂教学"整堂灌"和"整齐划一"的要求，使教学活动更体现出学生的主体作用，从而真正树立起"以学为本，因学论教"的教育思想，而且教师与学生也要转变为"人—人"对话，树立民主和谐的师生关系。

3. 独特性

它首先来自先天素质的差异性。不同的学生在学习同一内容时，原来的认知结构的差异与接受能力的不同，使得对学习内容的学习速度和掌握所需要的时间以及所需要的帮助也不同。学习是学生个体的行为，每个学生的心理活动和已有的知识经验，以及解决问题的能力均有很大的个体差异。对学生而言，他的学习过程完全是个性化的，包括学习的进程、探索知识空间的路径、学习采用的方法以及在学习过程中得到的反馈信息并对学习进行及时有效的调控等。在自主学习中，学生是一个具有自己独特个性的个体，其个性在学习过程中得到了充分体现。从教育意义上来说，个性是所有教育的出发点和归宿。自主学习通过个性化的学习来实现每一个人的社会价值和使个体价值得到充分的体现。

过去的传统教学蔑视学生学习的个体差异性，要求学生在同样的时间内掌握同样的学习内容。而教师基本采取相同的教学方式——"一刀切""一锅煮"的做法，并要求学生在最后的评价考试中，力争达到同样的学习水平和质量，过分强调学生的共性，而泯灭了学生个性的发展和创造精神的发挥。

4. 创造性

创造性以探索和求新为特征，属于自主学习的最高层次。它是学习主体在建构知识的基础上，创造出能够指导实践并满足自己需求的实践理念模型，是学习主体根据对事物发展的客观规律、对事物真理的超前认识、对其自身强烈而明确的内在需求，进行创造性思维的结果。这种超前认识是由明确的目标而导引的创造性思维活动，在这种活动中，学习主体头脑中的记忆信息库被充分地调动起来，信息被充分地激活起来，知识系统被充分地组织起来，并使自身的目标价值得到充分张扬。

　　自主学习不满足于获得现成的答案和结果，对所学的内容能进行独立思考、多向思维。从心理学角度看，具有创新性思维，具有独特构思的新颖性和善于从不同层次、不同角度去思考问题的灵活性等品质；从教学论角度看，学生敢于创新，善于质疑问题，并有与众不同的独到见解，能够不囿于传统，不盲从权威，从多种角度去认识、理解同一事物，以活跃的思想、丰富的想象不懈地进取，并把它们整合、构建为自身系统认识，创造性地运用所学内容去适应新情境、探索新问题、采取新方法。在这个过程中，能够大胆质疑，大胆批判、反思，用自己的思维去陈述己见，使自己的视野得到不断的开阔。同时也要求教师在教育活动中采用恰当的方式和手段，通过适当的途径，最大程度地挖掘学生的认识，发展学生潜力，激活创新潜能，为学生自主性的发挥创设条件和机会，从而促进学生顺应、内化、建构、发展，并逐步地完善，使学生真正成为学习的主人。

二、自主学习的意义

（一）自主学习是社会发展的需求

　　知识经济社会标志着终身学习时代的到来。知识经济社会不仅构成了终身学习时代的社会基础，而且学习化社会的形成也是知识经济时代赖以存在的重要条件。在知识经济社会，知识将成为生产力的主要特征；知识和智力开发是未来经济发展的动力；知识将改变未来社会劳动的含义和结构；知识生产促进国家创新体系的进步，而科技、教育系统在国家创新体系中具有重要作用；知识和学习把人们联系在一起，增强人与人之间的相互信赖性，增强人与社会、人与自然的联系；掌握知识的将是知识社会的全体社会公民，终身学习将成为每一个社会成员自我完善、自我发展的必然要求，正规教育并非教育和学习的唯一途径；终身教育、终身学习构成知识社会的基础；构建学习化社会是迈向知识经济社会的必然环节。

　　终身教育体系彻底打破了传统的把人生分为学习和工作两个阶段的观念，使教育成为伴随人们终身的持续不断的活动过程，而终身教育的实现必须以个体的终身学习为保证。按照现代学习论的观点来看，充分调动学生的自觉学习、主动学习、学会学习的积极性，培养学生主动学习、学会学习的意识、习惯、能力和方法，已经成为现代教育的一个本质要求。从根本上来说，在学习型社会中，教育是学习者在教师的科学指导下，通过自主学习，实现自我建构、自我发展的活动。

对社会和国家而言，学习可以促进社会更加融合并培养公民的认同感、同一性。学习可以使人们充分明确自己在社会中的责任，同时行使自己的一份权利。要迎接这个挑战，必须发展一种新的学习文化。这便需要发挥教育的育人功能，使社会教育、学校教育和家庭教育三者有效地结合，在个体的一生中通过各种形式进行自主学习，培养个体的自主学习能力。

知识经济的到来预示着人类经济社会生活将发生新的巨大变化，信息的获取、传输、处理和应用能力将成为人们适应未来社会的最基本能力的标志，以计算机、微电子和通信为特征的信息技术正在改变着人们的生产方式、生活方式、工作方式与学习方式。在整个社会信息化进程越来越快的今天，信息社会正在成为社会文化的一个重要组成部分。社会的发展也带来了教育的发展。计算机和网络以及其他多媒体设备、软件系统成为教育的要素，成为丰富的教学资源。现代信息技术在教育领域的应用正在从根本上改变着传统的教学方式和学习方式，使教育过程真正成为一种选择的过程，这就为实施自主学习提供了可能。校园网及其他教育信息技术的应用，有助于改变传统班级授课具有的"整齐划一"特点带来的弊端，真正实现教育的个性化，为学生实现自主学习创造条件，使因材施教的理想真正成为现实。信息技术的智能化，可以根据学习者的情况自动生成相应的教学内容和教学进度，确定相应的对个人的评价标准，为学生实现选择性学习创造基础条件。校园网及其他教育信息技术的应用建立了人机互动模式，为学生实现自主学习创造了一种有效的约束机制和激励机制。在传统教育中，没有学生的积极性，教学活动可以照常进行。而在人机互动系统中，没有学习者的积极反应，教学活动将会终止，学习者的积极性是教学活动赖以正常进行的必要条件。

在 21 世纪，构筑终身教育的主要教育教学手段将是现代远程教育。现代远程教育是随着计算机网络技术和多媒体技术等信息技术的发展而产生的一种新型教育方式。它以现代远程教育手段为主，融面授、函授和自学等教学方式为一体，以学生自学为主。在现代远程教育条件下，教师的讲授和学生的学习突破了时空限制，可以在不同的地点、时间同时进行，师生之间可以进行充分的交流；学生能够根据自己的需要自主安排学习时间和地点，自由选择学习内容，自行设计学习计划，在学习过程中进行及时有效的自我调控，并进行发展性的自我评价。因此要求学生具备较强的自主学习能力。信息技术的飞速发展为人类的学习提供了越来越好的便利条件，同时促使人们通过更加主动、高效率的学习来发展自我，从而应付知识经济社会所带来的挑战。

人的成长取决于个体的特征，取决于潜能的发挥，取决于人的自我实现。

人的自我实现过程，也就是人的解放、人性的解放和人的潜能的释放过程，并将此看作教育所要追求的最高目标。当然学习者的自主学习，并不是摆脱教师的引导和指导。教师是知识的传授者，学习的组织者、引导者和促进者。

（二）自主学习是人发展的关键因素

20 世纪 90 年代以来，我国教育更强调以人为本、以学生为主体，强调教育要回归于生活、实践，学生的自主学习就显得越来越重要。教育是一个开放的、动态生成的系统，学生自主意识的加强，有助于培养学生的主体意识，达到提高创新能力和实践能力的目的。

1. 自主学习有利于人的主体性发展

自主学习突出了学习者的主体地位，学习者在学习活动中能够自主选择目标、内容、时间、空间以及采用的方法，并能对学习的物质环境、社会环境进行自我控制，对学习的过程和结果进行自我评价，从而达到主体性的充分发挥。自主学习作为一种未来社会的学习方式，必然使学习者的主动意识、独立意识和创造意识得到培养，主体性也得到充分发展。自主学习以尊重、信任、发展人的能动性为前提，学生在学习的过程中，不是消极被动地接受，而是通过积极的思考加以吸收，这对学生的独立意识、独立的思维判断和价值取向有着重要的意义。

2. 自主学习有助于学习者的智力发展

自主学习不满足于现成的答案和结果，对所学习的内容能展开独立的思考，这能够促进学生主动地学习、主动地发展，也有助于培养学生的创造性思维。同时自主学习是新知识的形成和建立的过程，是学生在自己的原有经验和认知结构的基础上，对信息进行筛选、吸纳、加工、整合、改造以及构建的过程。因此，自主学习既是对原有知识的保留，又是对原有知识的超越。而且自主学习强调学习主体在开放的环境中积极主动、自由地学习，它强调学习者对自己潜能的发掘，调动自身的积极力量来发挥自己潜在的学习能力。因此，自主学习有利于学习者智力的发展。

3. 自主学习对非智力因素的发展有积极的影响

一方面，自主学习不仅要求学习者有积极学习的动机参与，也要求学习者意志的投入，这样就有助于学习者形成正确的态度。自主学习是"我要学"，不是"要我学"。其学习态度是由认识、情感、行为准备三个因素构成的。在面对较为复杂的学习任务时，自主学习对学习者的动机意志等就提出了更高的要求。自主意识是自主学习的内部基础，自主学习是培养学习者自主意识的基本途径，自主学习水平越高，则对自主学习意识的培养与提高越有效。在自主学习过程中，学习者总是主动地、创造性地运用自己的智力去探求知识、形成技能，而不是消极被动地去接受教育者所传授的基本知识和基本技能。另一方面，经过自主学习使学习者体验到的成就感，能强化其认知动机和学习的自觉性、坚持性，使学习者的意志品质得到充分发展。

4. 自主学习是学习者主动积极的体现

现代学习论已经证明，知识不能由教师机械地灌输到学生头脑中，而应该通过学生自己主动积极的具有一定方向性和程序化的学习活动获得。在自主学习的过程中，学习者是一个积极能动的个体。在学习开始时，他们能对学习活动做事先的考虑。例如，设置适宜的学习目标，对自己原有的知识进行审查、选择等；在学习过程中，他们能够采用有效的学习策略，如使用认知策略、元认知策略和资源管理策略等。此外，他们还能不断地进行自我调控来进行及时有效的调节。最后的形成性评价能够帮助自己及时了解学习策略的有效性及学习进展的情况，并做出合理的调整，使自主学习更加科学有效。

第二节　基于自主学习的初中数学教学模式

一、初中数学自主学习教学模式的概述

（一）初中数学自主学习教学模式的内涵

初中数学自主学习教学模式，旨在充分调动学生的学习主动性和积极性，使他们养成良好的自学习惯，更好地掌握数学知识，并产生疑问，尝试利用已有的认知结构与经验去分析问题和解决问题。在引导和鼓励学生课前自学的过程中，教师要充分尊重学生的个性差异性，不强求一律，对自学感到吃力的学生要放低要求。这样，学生在课前自学时就不会感到有压力，可以自由选择。在教师的引领下对问题进行筛选组合，形成问题中心，在数学教学中寓教于乐，融入教学情境中去。

（二）初中数学自主学习教学模式构建的原则

自主学习教学模式是学生在教师的指导下，以学生为中心进行自主学习，其基本特征是课堂教学活动的中心是学生。在这种教学模式下，学生和教师的作用、地位与以往教学相比有明显差异。该教学模式构建原则如下。

1. 学生主体的建构

教学过程中，学习活动的主体是学生，教师要引导他们在学习过程中，能创造性地认识世界；自我发展的主体也是学生，学生具有主体意识和实践能力，在对客观世界认识的同时，对自身的改造与完善必然会加深。学生主体的建构必须明确和尊重学生主体的地位，还给学生学习的主动权，经过教师的指导，学生通过多种感官器官及思维活动，在学习过程中经历主动探索和创新的过程。

2. 师生互动的强调

教学是双向互动的过程，故步自封不是自主学习，自主学习不能没有师生、生生间的交流。教师要使学生主动融入和谐友好的合作氛围中。课堂讨论的问题，教师要事先设计好，引导学生展开讨论，让学生在讨论中获得知识。在课堂互动关系中，教师和学生同时扮演着信息发送者和接收者的角色，双方在两种角色的相互驱动、运作下，教师完成"传道、授业、解惑"的职责，而学生也达到了"学习、成长、成熟"的目的，传统的"要我学"通过师生互动变为学生积极主动参与的"我要学"，从而使学生的主体地位得到了真正的体现。

3. 激励性评价

学生积极主动的学习可以通过教师赞赏、激励的评价语言来激发，这也可以使学生对学习产生浓厚的兴趣，使师生情感得到交流，有利于宽松和谐的学习氛围的营造，能够坚定学生自主学习的信心。在学生自主学习过程中，要对学生自主学习的结果及时加以积极的评价，在学生自己分析问题、解决问题时闪现的思维的火花要及时予以肯定和鼓励，充分调动学生学习的内部动机、成就动机，使学生自主性活动的积极性和主动性得到增强，创造性得到激发。

二、初中数学自主学习教学模式的操作过程

（一）课前自学

自主学习中的"自主"，不只是课堂挤出有限的几分钟给学生浏览一遍教材，而是有意识地组织学生在课前学习，即阅读教材及教师编写的学案，了解新知识的概况。学生通过课前学习，产生疑问，才能尝试着利用已有的认知结构与经验主动地加工、改造、理解、同化新信息，实现真正意义的自主学习。教师课前掌握了学生的自学情况，就能及时地调动教学内容和方式，实现教为学服务的目的。

根据初中学生的年龄特点和数学学科的特点，对学生的课前自学，教师应做适当的辅导，使学生学会自学。具体可分为三个阶段：一是领学阶段，向学

生充分展示自学的过程，如阅读教材的方法、阅读学案的方法、查阅资料的方法等，使学生认识到针对不同特点的教材内容应有不同的学习方法；二是引学阶段，教师带领学生阅读教材，要求学会抓重点，分清知识结构，学会质疑问题；三是自学阶段，通过前两个阶段教师的辅导要求，学生进行独立的课前自学。当然，这三个阶段不是截然分开的，也不是一成不变的，可根据学生的实际情况加以调整。

在引导和鼓励学生做好课前自学的过程中，教师要充分尊重学生的个性差异，允许每一个学生按自己的学习方式进行课前自学，不强求一律；允许并鼓励学有余力的学生进行大幅度跳跃式的学习；对自学感到吃力的学生则放低要求，有时只要他们了解大概的意思即可；要求学生根据自学的情况提出不能解决和有质疑的问题。这样，学生在课前自学时就不会有压力，才会觉得自主学习不是一种模式，而是一件自我需要、力所能及的事，一个可以自由选择的作业。

（二）课中点拨

课中点拨就是教师组织学生对课前自学的情况进行交流，概括并加以运用，引导学生了解知识结构的过程。这一阶段包括四个操作环节：汇报交流、确定目标—再学教材、组织讨论—教师点拨、启发整理—注重应用及变式练习。具体地说，就是一节课首先由教师组织学生汇报课前自学情况，提出需要解决的问题，并在教师的引领下对问题进行筛选组合，形成问题中心，确定学习目标。其次围绕学习目标再读教材，并进行小组讨论，尝试分析、解决问题，尝试对新知识的构建。再次教师着重解决学生提出来的问题，引领学生独立领悟，引领学生按知识脉络进行纵横联系、沟通。最后组织学生应用所学的知识解决问题并改传统教学中机械重复的巩固练习为能突出知识本质的变式练习，让学生在异中求同，同中求异，体会知识的内涵，并逐步洞察到知识的"内部世界"，从而对知识形成更加深刻的认识。在课堂教学中要以学生课前自学的内容为基础，突出学生的主体地位，同时要注意摆正教师自己的位置，教师的交不能代替学生的学，教师只在辅导、点拨、练习设计等方面发挥作用。

（三）课后延伸

课堂教学中学生所学的仅仅是知识体系中的主干知识，因此课外练习时教师应引导学生主动学习一些与课堂知识相关的属延伸、拓展的知识，促进学生的自学与探索。因此，教师在课堂教学结束时要提出问题，由学生课后去探索；或提供线索，由学生课后去自学；或设下悬念，由学生课后去讨论；等等，由此，引导学生继续学习，深入探索。

三、初中数学自主学习教学模式的构建策略

（一）建立和谐师生关系，营造良好的学习氛围

课堂教学是一个双边活动过程，应营造一个宽松和谐、兴趣盎然的学习氛围，使学生积极、主动地参与到课堂中，教与学的过程只有和谐，方可实施"师"教和"生"学。课堂教学是实施素质教育的主渠道，在课堂教学各环节上应不断渗入学法指导，使学生学得积极主动，真正成为课堂学习的主人。一个人的思维在不受外来压力的情况下是最活跃的，教师要想方设法创造适合学生参与的课堂氛围。例如，教师让学生用语言描述"勾股定理的逆定理"时，有的学生总结为：如果一个三角形的两条直角边的平方和等于斜边的平方，那么这个三角形是直角三角形。教师不应一口否决，而要引起全班同学的热烈讨论。通过争论辨明真相：还没判断出这个三角形是直角三角形，不能运用"直角边"和"斜边"这类专用名词。学生的投入和参与程度只有达到一定的广度与深度，才能形成课堂教学中师生和谐共振的良好状态，学生自主学习的积极性才能被调动。在数学课堂上，营造和谐的师生关系，学生的学习兴趣和积极性才能被调动起来，才能充分发挥学生的聪明才智和创造力。这就需要教师用爱心去对待每一个学生，而不是带着歧视的观念看待学生。教师要较多地关注学生的学习生活，多用肯定性和鼓励性的话语对待他们的课堂回答和产生的疑问，不要草率地指责，以免增加学生的心理负担，致使学生抵制与教师交流，产生厌学情绪，从而不利于自主学习的开展。只有解决这些问题，才能让学生感受到班集体和教师的温暖与友好，使他们因为接受教师而对数学产生浓厚的兴趣。

（二）培养初中生的数学问题意识

善于发现问题和提出问题是学生自主学习与主动探索的开始，也是探求新知识的动力。实践证明，在质疑状态下的学生求知欲和好奇心最强，他们会主动、积极地参与到学习中去，学习兴趣高，效率也高。提出问题是解决问题的开始，很多时候他们都能对问题提出自己的不同见解。孔子就说过：不愤不启，不悱不发。只有在学生求知欲强的时候，思维才会积极，思维积极学习才会事半功倍。但是，在这方面我们做得很不够，教师包办得多了一些，留给学生的空间小了一些。学生提出精彩的有价值的问题，教师要在全班给予充分的肯定，让学生获得成就感，并在班级形成思考提问的风气。要容许和鼓励学生有不同于教师的甚至是一反常态的想法和做法，让学生敢想、敢说。当然这里有一个科学性的"度"，对于学生创造中科学性的不足，可以先肯定后引导。有时候学生提出的问题并不是教师想要的，或者在教师看来是没有价值的提问。只要学生经过认真思考，教师就不能轻易地否定。还可以给学生留一些创意性的作业，如知识拓展性的问题。也可以给学生留一些探索性的小课题，需要的时间可能会长一点，但是学生在解决整个问题的过程中，自主学习的能力、创新意识等一定能得到锻炼。对这些创意作业和研究成果可以通过集中展示、教师引导的"欣赏"、学生之间交流评价等方式给予积极评价，鼓励更多的学生自主学习和创新。

（三）管理初中生的学习过程

随着物质生活水平的提高及社会的进步，优生优育下的新一代学生应该说智商并不是很差，差就差在学习行为习惯不够理想。通过有效的管理引导，把学生的注意力吸引到课堂内容中去，只有管理好了学生，教师才能好好教，学生才能好好学，才能切实提高教学的有效性。教师要及时、公平地处理好课堂教学的每一环节，管理好每一个学生的学习状态。因此有利于学生自主学习的管理应是对班级自主学习气氛的管理、对不同层次学生的管理，以及对学生课外自主学习过程的引导与管理。当然管理不是把学生千篇一律管成一个模子刻出来，而是要管理出个性鲜明的一个个活泼的学生，养成能够进行自主学习、终身学习的学习习惯。

第三节　信息技术时代初中数学自主学习中教师教和学生学的策略

一、信息技术时代初中数学自主学习中教师教的策略

（一）利用多媒体组织学生开展自主学习

多媒体是信息技术在教育领域应用最为广泛的辅助手段，也是开展自主学习教学的重要手段，随着我国经济迅速发展带来的技术提升、设备更新和经费扩充，国家对教育的投入和支持力度逐年加大，中学已经配备了相对先进的多媒体教学系统，很多教室都安装了用于信息化教学的投影仪，配备了用于教学的笔记本电脑，接入了宽带。也有不少学校已经安装了更为先进的电子白板，使用起来更为方便，并且对现有的中学教师进行了信息技术培训，教师已经掌握了基本的信息技术应用和多媒体课件的制作和演示，制作更为优良的精品课件，让学生能够结合课件和 flash 动画，配合相关的学案，开展自主学习，极

大地调动了学生参与的积极性，提高了他们的学习效率，使他们更好地感知自主学习的收获与成就，提升了学习能力和综合素养。

例如，学习图形平移的相关内容时，传统的教学方式都是教师经过详细的讲解，让学生进行做题感知，然后逐步理解，但是他们还不能形成深刻认识，获得较为深入的感悟，如果教师能够借助多媒体，让学生先自主学习，再通过几何画板这一数学常用的应用软件进行演示感悟，如将三角形平移的过程通过多媒体直观地感知，且直接操作，步骤非常简洁，而且过程非常醒目，学生能够获得最为真切的感知，而且这种感知不是一般语言能够描述出来的，也不是简单通过讲解和分析就能够让学生如此深刻透彻理解的。

（二）借助网络平台引导学生高效自主学习

现代网络已经非常普及，网络带宽不断增加，用于网络的各种移动通信终端不断丰富和提升，现在的中学都开设了信息技术应用基础课程，且现在的初中生有着非常好的基础和环境，对新生事物有着非常高的热情，很多的初中生已经具有熟练地操作各种网络终端的能力了，且上网能力非常强，这就为学生更好地利用网络开展自主学习提供了有力的设备基础和技术支持。初中数学教学能充分利用网络资源、平台，指导学生搜集更多的优质学习资源，构建较好的自主学习平台，让学生掌握基本的学习方式和方法，真正利用网络的优势和功能，提高学生的自主学习能力。教师制作精品课件和微课，上传班级自主学习网络平台，让学生更好地自主学习；建设班级自主学习平台，将自主学习的目标、方法、学案和教学视频上传，让学生能够自由安排时间，在课下更好地开展学习；构建微信、QQ 自主学习与合作交流平台，让学生在平台上能够结合自己的自主学习情况，自由交流，相互学习和借鉴；营造更好的自主学习气氛，让学生能够相互指导和帮助，教师也能够随时解决他们的问题，真正引导学生高效自主学习。

例如，学习中心对称图形的相关内容时，学生先进行自主学习，然后借助网络平台一起合作探究，搜集更多的图形，并发表自己对中心对称的认识和感知，搜集一些相关的视频，找更多的中心对称图形进行交流，在学习平台上相互分析，相互质疑，共同探究，营造浓厚的数学学习氛围。

（三）利用人机互动营造良好的自主学习环境

现在的初中生基本都有智能手机，不少家长为学生配备了平板电脑，甚至在发达地区已经做到了人手一台平板电脑，并且实现了无线网络覆盖，构建了现代化的 Pad 课堂，这就为学生更好地进行自主学习提供了较好的基础，也为初中生开展自主学习，营造了良好的自主学习环境。有的中学直接将学生带到现代化的信息技术教室，让学生利用信息技术设备，实现人工与机器的融合，让学生获得更为直观的体验，真正感知一些数学的知识和理论，并能够通过操作不断强化自己的能力和综合素养，营造一个良好的自主学习环境。

例如，学习轴对称图形的相关内容时，通过传统的黑板和书本，学生不能够得到真切的认识，而运用计算机、平板电脑和应用软件，使学生通过直接操作，实现了人机互动。而且每名学生都能够在实践中获得直接的感受，他们能够通过简单的操作感知轴对称图形的每一条边、每一个角的运动变化，能够立体而又动态地感知对称内涵、对称图形的具体表现，通过虚拟的翻转和对折感知图形的变化，由此产生浓厚的数学学习兴趣，增强他们的自主学习和探究能力。

二、信息技术时代初中数学自主学习中学生学的策略

（一）认识自我，提高学习主动性

中学阶段的学生由于生理和心理的发展，他们的自我意识也开始发生质的变化。他们对自己有一定的认识，有明确的志向，并且对自己有一定的自我审视能力，但是这一阶段的学生对自己的认识往往不够深刻，认识具有一定的片面性。因而学生在学习过程中要了解自身学习的特点，总结自身在学习过程中的优劣势，明确学习的目的和价值，加强对自我的认识，根据自身的特点，明确学习目的以及需要发展的各方面的能力。在学习和生活中有意识地、自觉地锻炼自己各方面的能力，扬长避短，充分发挥自身在学习过程中的优势，提高学习的主动性。例如，当我们在课堂上对教师利用信息技术呈现的图形的演变过程不是很理解时，可以将教师的课件拷贝下来，课下自主利用计算机进行探究，总结几何图形演变的规律，从而加强自身对几何图形的理解。当我们明确自己在数学学习的过程中某一方面较弱时，要主动利用身边的资源，帮助自己克服这方面的困难，锻炼自身在这方面的能力，从而加强对自我的认识，提高数学自主学习的主动性。

（二）制订学习计划，合理安排时间

时间管理能力是学生在数学自主学习过程中不可或缺的一种能力。制订学习计划，合理安排时间能够让自己始终保持在学习的最佳状态，可以有效地提高学习效率。但是大部分学生能够按照教师布置的任务进行学习，学习较为被动，很少会有自己的一套学习计划，在时间安排上更是随意，因而导致学生在完成家庭作业的时间上具有较大差异。从学生自身而言，要想提高自身数学学

习的效率，必须得有自己的学习计划。学生可以总结自己每天学习的特点以及自身完成家庭作业的效率情况，为自己制定一份学习计划表，这份计划表可以包括家庭作业，也可以包括自身查缺补漏的内容，让自己在合理的时间做合理的事，让自己始终保持学习的主动性，充分发挥学习的效率。

（三）合理有效地使用学习策略

许多学生在学习过程中对如何取得最佳的学习效果持有不成熟的想法。某些学生认为要想取得好的成绩，就必须付出更多的努力，他们对采取何种方式和过程来进行学习，关注较少。同时，学生在对数学进行自主学习时，他们不知道根据不同的学习任务采取不同的学习策略，对学习策略缺乏相应的知识基础，并且多数学生认为寻找合适的学习策略需要花费很多的时间和精力，无论这些学习策略多有效，他们也不愿意采用。大多数专家认为，有效的学习策略具有三个关键特征：第一，掌握具体的策略；第二，理解这些策略的用途、重要性和局限性；第三，开发一些有效运用、监控、维持和概括学习策略的自我调节技能。

首先，学生要具备相应的学习策略的知识基础，明白这些学习策略是什么、有什么用、具体有哪些操作步骤。如学生在对数学知识进行小结时，先得知晓小结的格式是什么、有什么用、具体有什么步骤等，然后结合学习情境，对如何运用这一策略进行练习，清晰地把握策略的适用条件，逐步达到能够成熟适用甚至自动执行这一策略的操作程序。

其次，学生要在各种学习任务和不同的情境中对所了解的学习策略进行练习。只有自己经过不断的练习，才能将这些学习策略转化成自我学习行为中的程序。当学生只是在一种情境中进行不断的练习时，他们往往会形成思维定式，当遇到其他情境时，不太可能将这些从学习策略运用在其中。因而学生要在不同的情境中练习相应的学习策略，从而明白这些学习策略的价值，进而在学习过程中主动运用相应的学习策略来提高学习效率。

最后，学生在学习过程中还要进行自我监控和评价。学生很多时候不知道如何使用学习策略，是因为他们意识不到自己需要这些学习策略，看不到自己现有学习中的问题，并且在之前的数据分析中也显示，学生在学习过程中缺乏相应的自我监控和评价。因而学生在数学自主学习过程中，要不断地对自己的学习过程进行监控和评价，随时发现自己学习过程中的问题，适时调整学习策略，提高自我的学习效率，从而更好地提高学习成绩。

第四节　初中数学自主学习案例分析

本节以从分数到分式的自主学习教学模式为例进行分析。

一、情景引入

师：上一章我们学习了什么？

学生：整式乘法。

师：我们不仅仅停留在整式的初级阶段，还学会了整式的运算。这一章我们学习新内容——分式。看到这两个字，你们想到了什么？（教师板书"分式"）

全体学生：分数。

师：今天我们学习从分数到分式，上升到更高层次。

课件展示该节课的学习目标：

①认识了解分式。

②掌握分式有意义的条件。

③分式的值为0的条件。

（用时1分43秒）

这一环节教师并未进行细致的复习，只是简单地提到前一章学习的整式，然后由整式引出分式，直接进入新知识的学习，并给出该节课的学习目标。

二、探索新知

师：请大家打开课本127页，自己阅读127页到128页练习以上的内容，完成课本里的思考题之后小组之间相互交流、相互讨论你学到了什么。

教师巡视讨论情况，进行适当地指导。（用时5分钟）

这一环节充分体现了学生的自主学习，教师大胆地放手给学生时间让他们先自己学习，然后进行小组讨论，这样的活动不仅培养了学生的自主学习习惯，同时也给予了学生合作学习和锻炼表达能力的机会。

新知识的学习完全建立在学生预习的基础上，教师只是引导学生自己发现分式的定义和判定一个式子是分式的条件，教师并未做过多解释。通过这种方法，自学能力较强的学生通过预习能很快接受新知识，但是自学能力较差的学生就难以明白分式的定义，不能准确地判断一个式子是否是分式。这就需要教师在引导学生得出分式的定义及条件后，再次进行总结、强化分式的概念，照顾到自学能力较差的学生。

三、课堂练习

①分式 $\dfrac{x+1}{x-1}$ 的值为 0，x 的值是多少？

②分式 $\dfrac{x^2-1}{x+1}$ 的值为 0，x 的值是多少？

学生 1：第①题 $x=-1$，因为 $x=-1$ 的时候分母是有意义的，且分式值为 0。

学生 2：第②题 $x^2-1=0$，$x=\pm1$。

师：有不同的答案吗？

学生 3：因为分母 $x+1$ 不能为 0，所以 $x\neq-1$，x 的值为 1。

（用时 29 分钟 12 秒）

四、课堂小结

授课结论：分式的值为 0 时，分式的分母一定不为 0，分子一定为 0。

从该节课的教学过程来看，一方面，教师主要采取对个别同学提问的方式，了解学生对分式相关内容的掌握情况，这样有利于教师了解到学生对学习内容会存在什么样的问题。但另一方面，全班有 43 位同学，而课堂上教师总的只提问了 14 位同学，而没有被问到的 29 位同学是否会存在其他的问题，这是教师不知道的。对于班级制的教学，在课堂上教师不可能完全掌握每一位学生的学习情况，但教师可以先让每一个小组的小组长报告组内成员对该节课的学习内容存在的问题，教师综合之后着重强调、寻找合适的方法进行解惑。就教学时间的安排来看也充分体现了学生的自主学习，学生自己阅读本节内容然后小组讨论用时 5 分钟，探索新知识用时 6 分钟，而课堂练习及讲解接近半个小时，整个环节都是学生自己做题然后以教师提问的方式学生解答进行的，充分体现了教师的主导作用及学生的主体地位。

第五章　初中数学应用能力提升策略之三——翻转课堂教学法

翻转课堂教学模式作为教育与信息技术有力结合的全新教育模式应时而生，它将学生学习知识的场所转向了家庭和网络，即学生在课前通过线上学习教师上传的学习资料来完成知识点的学习；它将课堂变成了师生互动、生生互动和交流的场地，即学生在课中通过与教师、同学的交流进行知识内化。本章即把翻转课堂教学模式应用到我国的初中数学教学中，通过实践来探索这种教学模式较传统教学模式的优势所在。

第一节　翻转课堂概述

一、翻转课堂的定义

对于翻转课堂概念的界定，学术界还未形成一个统一概念。目前，有一部分人对翻转课堂的认识还停留在对其实施过程的描述层次上，所以对翻转课堂内涵的深入剖析还很有必要。翻转课堂一般又被称作"反转课堂式教学模式"，这里的"反转"是相对传统课堂式教学模式而言的。国内外对于翻转课堂的概念有不同的解释。

翻转课堂是一种手段，它增加了学生和教师之间互动化和个性化的接触时间；它是一种个性化的教学环境，在此环境下学生可以得到个性化的教育，学生必须对自己的学习负责，学生的课堂积极性很高；教师不再是讲台上的"圣人"和"独裁者"，而是学生学习的真正指导者；它使教学内容得到保存，学生可随时根据自己的情况进行复习，使课堂缺席的学生不被甩在后面；它是一种混合了直接讲解与建构主义学习的教学模式。翻转课堂教学模式是一种手段，其显著优势是为学生提供个性化的学习环境。

也有人说，翻转课堂就是学生在课前利用教师制作的数字材料（多媒体课件、音视频材料等）自主学习课程，然后到课堂上参与教师的互动活动（释疑、解惑、探究等）并完成练习的一种教学形态。但其实这也是将信息技术与翻转课堂结合的产物，并非单纯意义上的翻转课堂。即使学生在课前不是利用数字材料而只是利用纸媒材料进行自主学习，依然也已经调换了学习过程所在的空间位置，翻转了课堂。

翻转课堂通常也称为翻转教学、颠倒课堂、翻转学习、颠倒教室、反转教室、反转课堂、翻转教室等。一般来说，学生的学习过程总体分为两个阶段：第一是知识传递过程，第二是吸收和消化的过程，即知识内化的过程。这两个过程尽管无法被严格区分，但总体而言，应是知识传授、知识感知为主的过程在先，知识内化、知识深层次理解的过程在后。传统课堂中，知识传授主要通过教师在课堂讲授来完成，而知识内化是靠学生通过课后完成作业或实践来完成。

其实，翻转课堂，从字面意思理解，只是将课堂翻转。这样看来，"把原来在课堂完成的知识传递过程改为在课前完成，把原来在课后完成的知识内化过程改为在课堂上完成"，应该是翻转课堂的最基本的定义了。而那些"与信息技术结合""课前要提供哪些教学资料""课上应如何组织"等内容，并非翻转课堂的原始要求，而是人们在翻转课堂实施过程中演化而来的内容。翻转课堂要求教育者赋予学生更多的自由，把知识传授的过程放在课堂外，让大家选择最适合自己的方式接受新知识；把知识内化的过程放在课堂内，以便同学之间、同学和教师之间有更多的沟通和交流。

在传统教学模式中，信息传递和知识内化分别通过教师的课堂讲授与学生的课下作业、操作实践来完成。而在翻转课堂中，教师赋予学生更多的学习自由，借助网络等多媒体技术，学生使用录制的教学视频，在课下完成知识的讲授阶段，这个过程，学生可以自由选择最适合自己的学习方式，但要确保课前真正发生了较深入的学习；而知识内化过程被放在了课堂上，这样师生之间、生生之间就可以有更多的交流沟通机会，从而可以通过课堂上的相互碰撞把对问题的探究引入更深的层次。大多数人理解的翻转课堂只是"课前传授+课上内化"的教学形式，正好相反于传统的教学形式，却忽略了两个关键点：一是课外真正发生了深入学习，二是课堂上观点能够真正相互碰撞并将对问题的研究引向更深层次。学生观看教学视频并进行课前练习的活动，并不是对知识的简单预习，而是对新知识的深入理解，这就要求录制的教学视频能让学生自学，而且不亚于在课上讲授的效果。在此基础上，学生的知识不能只停留在某一层面上，应该通过学习活动的讨论分享引向更深层次。同时，也应该认识到翻转课堂与在线视频并不是同一个概念，翻转课堂最重要的价值体现在卓有成效的面对面的互动学习活动中。

二、翻转课堂的特点

利用视频来实施教学，在多年以前人们就进行过探索。在20世纪的50年代，世界上很多国家所进行的广播电视教育就是明证。为什么当年所做的探索没有对传统的教学模式带来多大的影响，而翻转课堂却备受关注呢？这是因为翻转课堂有如下几个鲜明的特点。

（一）先学后教的教学特点

在翻转的模式下，学生需要在课前学习教师录制或者网上下载的教学微视频，对视频讲解做出笔记，完成进阶作业。回到课堂上，就学生没有学懂的知识点，作业完成时遇到的困惑，师生共同探究和解决。因此，它是一种典型的先学后教的教学模式。

其实，先学后教作为一种教学模式在我国中小学已经有过很多探索。南京东庐中学的"讲学稿"、杜郎口的"导学案"就是这一模式的典型。无疑，它们在推动我国中小学教育，尤其是我国中小学农村教育中发挥过重要作用，是那一时代的骄傲。

当然，随着科技的进步与时代的发展，这些教学模式也需要转型，在坚持先学后教原则的基础上，寻求新的技术与手段。以微视频作为主要课程资源载体的网络条件下的先学后教，被认为是一种比较成功的教学范式。微视频主导和网络学习条件下的先学后教，与以往导学案或讲学稿主导下的先学后教的模式有所不同，主要体现在以下三个方面。

1. 讲解生动

视频上，优秀教师生动形象地讲解，显然比一张纸的导学案让学生更加喜欢。

2. 反馈及时

无论是课前学习后的作业反馈，还是课堂学习过程中的学习反馈，在网络背景下，都比纸质的导学案要来得及时、迅速，并且还节省了教师大量的机械批改作业的时间。

3. 易保存检索

电子资料比起导学案来，更加易于学生的复习，易于学校的保存与检索。

应该说，微视频与导学案，都是先学后教的载体，其背后的原理是一样的。

之所以导学案产生于中国的农村学校，视频学习和翻转课堂起源于美国，在很大程度是由于技术条件的差异，所使用的工具和载体不同而已。随着我国经济的发展与网络环境的改善，相信这一差异很快就能得到克服。

（二）"满十进一"的进阶方式

为确保学生学习了、学会了微视频中讲解的知识点，在现代信息技术的支持下，微视频制作可以让学生在学习了一段微视频后，完成通关式的作业。只有在作业做对的情况下，学生才可以进入下一阶段的视频学习。如果作业没有做对，学生就需要根据相关提示，继续看原来的视频，或者在线请求帮助，直到掌握了这个知识点，完成了进阶作业，学生才可以进入下个知识点的学习。在完成了一个单元的知识点学习后，学生需进行相应的单元测试，只有单元测试达到了掌握的程度，学生才可以进入下个单元的学习。

在这样的"满十进一"的进阶教学程序保障下，只要时间允许，再加上有效的针对性辅导，就能够确保学生掌握每个知识点，掌握每个知识单元，最终实现让班级内大多数学生达到熟练掌握的程度。

（三）重新建构学习流程

教学流程的颠倒无疑是翻转课堂最明显也是最外化的标志。通常情况下，学生的学习过程由两个阶段组成：第一个阶段是"信息传递"，是通过教师和学生、学生和学生之间的互动来实现的；第二个阶段是"吸收内化"，是在课后由学生自己来完成的。由于缺少教师的支持和同伴的帮助，"吸收内化"阶段常常会让学生感到挫败，丧失学习的动机和成就感。翻转课堂对学生的学习过程进行了重构。"信息传递"是学生在课前进行的，教师不仅提供了视频，还可以提供在线的辅导；"吸收内化"是在课堂上通过互动来完成的，教师能够提前了解学生的学习困难，在课堂上给予有效的辅导，同学之间的相互交流更有助于促进学生知识的"吸收内化"。

三、翻转课堂的基本要素

（一）教学视频的设计与制作

1. 合理选取适合采用翻转课堂教学模式的知识点

目前国内不少学校都在轰轰烈烈地推行翻转课堂，然而通过总结实践经验，发现并非所有的课程都适合翻转，在同一门课程里，也不是所有的知识点必须采用翻转课堂才有效率。教师应当研究教材和课程标准，全面分析课程的知识点，对于其中的难点、热点、疑点、重点，考虑通过视频教学是否更能提高学习效率，对于需要教师先行系统讲授的内容，或是一些非重点内容，仍然可以采用传统的课堂教学模式。

2. 精心制作教学视频

目前在翻转课堂中使用得较多的是微视频，所谓微视频，是指时长一般不超过 20 分钟，可通过个人电脑、摄像头、DV、手机等视频终端摄录及播放的视频短片。

从视频的形式上看，怎样在 10 多分钟过程中牢牢抓住学生眼球，需要教师在录制视频时充分考虑视频的视觉效果，灵活采用画面、声音等多种表现手法，此外，字幕的配合也很重要，字幕是画面、声音的延伸和补充，能够弥补授课者口音的缺陷，更清晰准确地传达视频的信息。

从视频内容的实质上看，教师需要把握的是视频应有益于学生在课前进行探究式学习，视频应是那些足以激发学生兴趣，引发讨论、质疑的材料，如果视频只是单纯地录制教师讲授的内容，实质上还是没有打破学生被动接受学习的模式，只不过将听课的地点由课堂移到了课外，终究是回到传统教学的老路上了。

3. 扩展学习资料的准备

除了传授知识所需用到的教学视频，教师还应当着手建立扩展资料库，为学生提供可以扩展学习的资料，这些资料包括其他开放学习平台提供的视频、文字阅读资料、习题库等。扩展学习有助于学生进一步了解所学内容的背景知识、与其他知识的联系，可以帮助学生更好地理解和掌握教学大纲中的知识点，同时还可以进一步培养学生自主学习的能力。

（二）教师在上课前的准备

首先，在正式上课前，教师应当确保学生已经观看了教学视频，并完成单元检测，即要求学生在课前完成基础性的测试题目，以便于学生自己及教师发现问题，了解实际学习效果。

其次，教师可以在课前通过任务设计推动学生小组间进行互助交流，对于一些自控能力较差，或是自己学习有困难的学生来说，学习小组可以起到监督和带动的作用，帮助学生打破在课外学习的孤立感，进一步增强学习效果。

最后，教师要对学生的疑问进行整理，对其中具有代表性的问题，应放在课堂上集中讨论解决，对于个别学习相对滞后，或是学习积极性不高的学生存在的问题，可以在课前单独给予指导。

（三）课堂活动的组织

目前在国内提及翻转课堂，大部分人都集中在如何制作教学视频上，但实际上比视频更为重要的是课堂活动的组织。在课堂时间里，教师需要与学生在课堂上进一步交流和探讨，解决学生的疑问，真正做到因材施教。

1. 解决学生疑问，层层引导

学生完成了前一阶段的自主学习，教师在课堂上就可以直入主题，就学习中普遍存在的疑惑集中给予解答。此外，教师也应关注个别思维更加活跃、学习进度较快的学生提出的问题，这类问题往往可以作为一条主线，引导学生做进一步探究。

2. 交流协作，加深内化

由于教学视频可能只涉及基本的知识讲解，因此在知识深化方面，教师可以根据学生的兴趣及学习能力将学生分组，通过布置任务完成知识的深化和内化，学生在交流中相互启发和批判，同时也能提升团队协作和沟通能力。在学生分组学习时，教师也应参与到学生当中，对出现的问题给予点评，及时纠正偏离方向的讨论，提高课堂学习效率。

3. 统筹兼顾，突出重点

课前的教学视频只针对重难点，对于其他一般性的知识点，教师可以放在课堂上完成讲授，避免知识的割裂。

（四）支撑环境

翻转课堂的实施需要网络教学环境的支撑，翻转课堂的支撑环境主要由网络教学平台和学生学习终端等组成。其中，网络教学平台要能够实现课前课中互联、师生互动、当堂练习反馈与数据统计分析等功能，这是实现翻转课堂教学的基础环境；学习终端能够支持学生的微课学习、网络交流、互动练习。翻转课堂的网络支撑环境为师生提供了一个虚拟学习空间，为师生开展与衔接各种课前、课中、课后的活动提供基础。用于构建翻转课堂网络教学环境的软件，有课程管理系统、学习管理系统或者学习内容管理系统。另外，学习活动管理系统也可以用于构建设计、管理和传递网络教学活动的网络支撑平台。

（五）学习分析

翻转课堂的教学评价除了应用传统的课堂评价手段外，还普遍开始采用基于在线教学的学习分析技术。学习分析技术指的是对学生生成的海量数据进行解释和分析，以评估学生的学业进展，预测未来表现，并发现潜在问题。

教师利用翻转课堂网络教学环境收集大量学生学习过程产生的数据，并利用学习分析技术对数据进行解释和分析，可以有效诊断学生的学习问题，评价学生的学习进展，甚至可以评价学生的高阶能力，如批判性思维、协作交流与问题解决能力等，并适当调整教学过程：学生自主学习存在的疑惑，可以用于作为课堂活动设计的基础；学生发现微课视频中存在的不足，可以用于调整视频等。例如，在微课学习过程中，教师发现某个环节或知识点被学生反复浏览和点击的时候，要意识到这可能是一个对学生来说难以掌握的知识点，或者自己的讲解有问题，需要据此调整教学等。

第二节　基于翻转课堂的初中数学教学设计

一、设计的依据与思路

翻转课堂教学模式通过改变教学中知识传授和知识内化的教学流程，使过去传统教学中师生的角色也发生了转变，处处体现了"以生为本"的教学理念，改变了过去传统的教学模式，与新课改的理念相呼应。翻转课堂教学模式中，学习者能够在合作式的和谐环境中主动地进行学习活动，对学习者知识结构的形成具有积极的意义，学生成为教学活动中真正的主人。翻转课堂教学模式的效益能否得到充分的发挥，基于信息技术下的数学翻转课堂能否取得有效的教学成果，教师必须做的是研究出具有实际指导性和操作性的教学设计框架，充分利用学习过程中的各种资料，以服务于学生课前和课堂的数学学习。

（一）初中数学教学设计时需要考虑和解决的问题

学好数学这一科目最重要的就是掌握各原理的内在逻辑和结构以及知识点间的关系，清楚这些是学好数学的基础。所以，教师就应针对性地设计教学，从学生的角度出发来设计教学内容，了解学情，在学生原有知识基础上设计新的教学内容，激发学生的学习热情，培养学生学习数学的兴趣，运用学生容易接受的方式教学，引发学生对知识的好奇心，利于学生深入探究和理解。对此，教师在数学教学设计时应考虑下面几个问题。

1. 为什么学生要深刻理解并掌握所教的知识

这正是教师教和学生学的目的，学会所教内容，理解并掌握知识要领，学生在现有知识技能基础上有所提升，且为今后的学习打下基础，掌握解题思路与学习方法，并和未来的社会实践、人为处世、个性发展联系起来。

2. 教师到底教什么

对于这个问题，多数教师并不是很清楚其真正含义，教师不只是教给学生本节课的内容去实现预定的教学目标，还应在实现教学目标后进一步提升学生的学习能力、实践运用能力、交往能力、思维创造能力，以及学生自主学习的能力。

3. 教师怎样确保学生理解并掌握数学课堂教学的内容

这就需要教师从学生的立场出发，设身处地地思考问题，结合学生原有学习基础量身打造教学设计，利用现代化信息技术，挖掘学生的学习潜力，快速过渡到最近发展区，实现预设教学目标，在学生已有的知识技能基础上建构新的知识体系。

4. 这样的教学对学生的成长有何意义

这一点实质是对灵活运用知识能力的一个要求，通过课堂教学促进学生成长，若出现了同样的或相似的问题，学生就可以举一反三，灵活运用知识解决问题，提升学生的学习能力。为了更好地理解以上问题，且把翻转课堂教学模式在适当的课程中运用到数学教学中，更为了给广大的一线教师提供更具实效的指导意义与实操作用的数学教学设计模型，麦卡锡的"学习循环圈"理论给了广大一线教师以很大的启发，这对以现代化信息技术为支撑的翻转课堂教学模式在初中数学教学设计中的运用具有非常深远的理论和实践意义。

（二）基于翻转课堂教学模式的数学教学设计的主要依据

翻转课堂教学模式是最近几年教育界提出的符合新课改理念的教学模式，其对传统教学最大的改变就是把以往的课上教学、课下作业的情况转变为课上作业、课下学习的教学方式，其实质是一种教学流程的变化。无论怎样的教学方式，都由"教"与"学"两个核心环节构成，"教"是传授知识，而"学"是吸收知识。由此可见，翻转课堂教学模式实质上是把传授知识这一环节提前进行，于课堂时间完成知识的内化。所以，翻转课堂教学模式下的数学教学设计一般由课前设计和课中设计两大模块组成，前者设计"教"的环节、后者则是"学"的环节。

针对教师"教"与学生"学"的两个环节，我们能够由麦卡锡的"学习循环圈"中的 4 个象限去深入理解。这里教师的"教"刚好和循环圈中象限Ⅰ、Ⅱ中的教学思想——为意义而"教"、为理解而"教"相符，这个环节核心的教学目标就是传授知识；学生的"学"刚好和象限Ⅲ、Ⅳ的教学思想——为掌握而"学"、为创新而"学"相符，这个环节核心的教学目标就是内化知识。"学习循环圈"由"为什么—是什么—应怎样—该是否"构成教学体系，与前面的四个问题一一对应。以该教学体系作为理论指导理解四个问题，对我们准确把握数学教学设计并把该理论渗透进数学教学设计中具有非常大的理论指导意义与实践价值，为广大一线教师提供参考。

（三）基于翻转课堂教学模式的数学教学设计的基本思路

在"学习循环圈"理论的指导下，基于翻转课堂教学模式的数学教学设计的实质就是按照"Why-What-How-If"的思路形成的循环圈。由此，我们很容易推出基于翻转课堂教学模式的初中教学设计的基本思路是由课前设计、课堂设计两模块构成。

课前的教学设计是为了回答"为什么""是什么"这些问题的。在这个环节中学生所要完成的主要任务就是在自己原有知识技能的基础上学习新的知识并建立起新的知识体系，掌握主要的学习内容，顺利过渡到专业知识，提高知识运用能力；教师在这一环节主要为学生提供具体的学习情景，给予学生适当的参考资料，通过多种教学方法帮助学生顺利地学习新知、掌握课程内容。课堂教学设计是为了回答"应怎样""该是否"这些问题。在这个环节，学生应学会对专业知识的运用，并完成知识的内化，做到知识在现实生活中的运用与创新，提升自身的知识技能；教师在这一环节主要是组织、引导并辅导学生更好地学习、运用知识，为学习运用知识提供机会，帮助学生熟练掌握知识的运用。

二、基于翻转课堂教学模式的数学教学设计模型

翻转课堂教学模式的运用一改以往的数学教学方式，首先传授学生知识，然后利用课堂时间帮助学生完成知识的内化，概括为"导学一体"，实现更彻底的知识内涵的掌握。因此，教师应特别重视初中数学教学设计中课前与课中的设计安排。

（一）教学设计的基本结构图

翻转课堂是依赖于微视频技术和网络技术支持的先进教学模式，自 2011 年开始引入我国中小学，一些勇于创新的教学实践者就开始根据我国中小学的

初中数学应用能力提升策略研究

教情、学情进行改造和创新，根据其所采取的视频教学的时空环境的不同，创造了不同的具有本土化特色的翻转模式：①课内课外翻转；②课与课之间翻转；③课内翻转。教师可以根据教情、学情和课程的需要，灵活掌握。本书侧重地研究课内课外的翻转模式。

翻转课堂教学模式理论指导下的教学设计需要把问题及解决方案都考虑进去，从而得出基于翻转课堂教学模式的初中数学教学设计的基本结构，如图 5-1 所示。

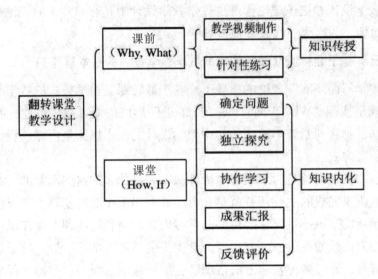

图 5-1　翻转课堂教学模式的教学设计模型结构

本书的教学设计模型是"二段七环节"结构，即课前知识传授和课堂知识内化两个阶段，其中课前阶段包括教学视频制作和针对性练习环节，课堂阶段包括确定问题、独立探究、协作学习、成果汇报和反馈评价环节，后续设计的教学案例从整体上将基于上述结构展开，并以本结构为指导进行教学。

（二）课前设计环节

课前设计环节非常重要，这一步直接决定着学生课前学习的效果。课前设计环节是传授知识的环节，也是回答"学习循环圈"里"Why""What"这些问题的一个环节，通过课前学习可以使学生清楚地认识到本节课的价值所在，并通过学习获取专业知识，完善自身的知识系统。课前学习时，学生可通过观看教师提供的教学视频学习新知识，实现新知识的掌握，为课堂知识的进一步内化打下知识基础。

1. 制作教学视频

在翻转课堂教学模式中，知识的传授一般由教师提供的教学视频来完成。教学视频可以由教师自行录制，也可以使用网络上优秀的开放教育资源。自麻省理工学院（MIT）开放课件以来，世界上涌现了一批高校、组织或者个人进行开放教育资源的建设，如哈佛、耶鲁公开课，可汗学院课程、中国国家精品课程、大学公开课等。教师可以在优质开放教育资源中，寻找与教学内容相符的视频资源作为课程教学内容，使学生能够接触到国际上优秀教师的最新教学。然而网络上的开放教育资源良莠不齐，可能会与课程目标、课程内容不完全相符，不一定适合自己的学生。

教师自行录制并上传至云平台供学生课前下载观看学习的教学视频，作为学生的自学资料，在制作过程中，需要注意以下几个问题。

①教师应深入研究教材，并掌握课程标准对本节课的教学要求，设计学生必须实现的学习目标和必须掌握的知识。视频制作里设计的教学活动应与初中生学习数学的心理发展规律相符，尽可能激发学生的学习兴趣，让学生快乐学习，据此确定视频制作内容的深度广度。

②多参考相关数学内容的教学资料，对这些资料分析整理后开始教学视频的制作。在具体制作的过程中，应充分结合所教学生的学情，教学设计应有针对性，还应考虑到不同班级学生存在的差异，制作出难易不同的教学视频，因材施教，促进全体学生的全面发展。

③视频制作的时候教师还要考虑到不同学生之间的差异，换位思考，多从学生实际情况出发，体会他们可能遇到的学习困难，都需要哪些帮助，通过什么方法解决更好，据此制作出可以帮助不同学生提高学生成绩的教学视频。

④制作的教学视频应控制在 15 分钟以内，学生在上课时的注意力集中的最佳时间段为 10 分钟左右。所以，教学视频应充分考虑这点，将时间控制在 15 分钟以内，这样学生就可以在注意力最集中的高峰完成对新知识的学习，实现最佳的学习效果。

⑤教学视频的视觉效果、问题导入、交互性等因素对学生的学习效果有着重要的影响。因此，教师在制作视频时需要考虑视觉效果、设计互动、策略控制等，帮助学生构建内容最丰富的学习平台，紧抓学生的注意力和好奇心。

教师自行录制的教学视频能够与教师设定的教学目标和教学内容相吻合，或者根据学生的实际情况对教学内容进行针对性的讲解，面对不同层次的学生录制多版本的教学视频。完成这些要求，给教师在教学技术和时间上都提出了挑战。

2. 针对性练习

练习和学习任务的设置需帮助学生加强与巩固对新知识的理解，也是掌握学情的有效方式。练习题的设计从难度到数量，教师要合理安排、设计得当，把握好学生的"最近发展区"，同时照顾各学习层次的学生的发展，促进学生由已有知识顺利跨入新知识的学习，帮助学生利用旧知识完成向新知识的建构和过渡。

学生通过教师提供的课程资源和视频学习，完成教师设计的指导学生自主学习和针对性练习的任务清单，对新知识做必要的笔记，另外把学习中遇到的问题记录下来，并通过查阅参考资料、寻求同学帮助来解决问题，仍然解决不了的问题就要通过平台向教师留言请教，以完成相应练习和学习任务，教师可以利用信息技术提供网络交流支持，学生在家可以通过留言板、聊天室等网络交流工具与同学进行互动沟通，了解彼此之间的收获和疑问，同学之间能够进行互动解答。

（三）课堂设计环节

翻转课堂教学模式最突出的特征就是利用课堂时间帮助学生完成对新知识的最大程度的内化，引导学生高效学习。课堂设计环节目的就是实现知识的内化，解决"学习循环圈"中的"How"和"If"，这些问题，让学生学会如何在新情境中运用知识。建构主义学习观指出，学习既是从外向内的知识传输，更是学习者本身在具体情境下借助他人帮助自主完成新知识、技能的建构。因此，在开展课前学习的基础上，不断延伸课堂学习效果，教师应在课堂设计环节多通过情景创设、师生问题、小组合作等方式全方位地调动学生学习的积极性，最大程度地实现知识的内化。

1. 问题的确定

课堂设计环节确定的问题对学生课堂学习的效果与课堂气氛有直接的联系。而课堂设计环节的问题确定主要有两方面来源：一是学生在课前学习环节中遇到的解决不了的问题，上传至云平台；二是教师根据教学经验预设的学生有可能遇到的问题。因此，教师会从这些问题中归纳出具有普遍性、代表性的问题作为课堂环节要解决的对象。这就要求教师对课程标准和教材有深入的理解与把握，对学情有充分的了解，切实可以解决学生所面临的问题、所需要解决的问题，帮助学生克服学习中的困难，让他们积极主动地参与到课堂教学环节中来。

2. 独立探究学习

在翻转课堂中，技术工具和信息资源是学生学习的基础，个性化的独立学习环境的创建能够使学生成为自我激励的求知者，拥有强大的自主学习控制权。独立学习也是学校教育的重要目标，独立的探究能力是每个学生所应具有的基本的学习素质。因此，教师应于具体的课堂教学环节多引导学生独立思考，让学生通过独立探究解决个人遇到的问题和教师提出的问题，培养自学能力。通过充分的独立探究仍未能解决的问题，教师可以做适当的点拨，以便帮助学生养成独立思考的习惯，这样学生所获得的知识更加牢固，也更利于学生创新思维的培养，实现知识充分的内化。

3. 协作学习

课堂环节的协作学习指的是教师通过语言启发、提问学生，来激发学生的学习热情、引导学生积极思考，并组织、启发学生开展学习活动，利用师生、生生间的协作完成教学任务。协作学习有利于学生充分发挥其创新和创造性思维、加强学生的团队合作意识和包容意识，培养学生的沟通交流和互动能力，增强学生个体自信并形成相互尊重的和谐关系，从而使学生的课堂主体地位得以充分体现。

在具体的协作学习过程中，教师应帮助学生组建合理的学习小组，引导小组成员间合理分工，进入小组协作学习的过程。小组合作的优势在于，每个人都可以参与活动；允许和鼓励学生以低风险、无威胁的方式有意义地参与；可以为参与者提供与同伴交流的机会，并可随时检查自己想法的正确性。

教师要多引进新的教学方式，尊重学生的个性发展，就同一问题提出不同看法的学生应予以鼓励，并与学生共同探讨多种解决方案，充分发挥协作学习的作用。指导小组活动的教师，要适时做出决策，选择合适的交互策略，保证小组活动的有效开展。可见，教师在课堂设计环节要多注重学生协作学习活动的设计，需要随时捕捉学生的动态并及时加以指导，为学生创造更多协作学习的机会。

4. 学习成果汇报

在独立探索学习与协作学习的基础上，学生对课堂设计的问题都有了一定的成效，包括个人及小组学习成果集锦，学生充分了解了所学内容，构建了自己的新的知识体系。这时，课堂教学就进入学习成果汇报的环节，学生个人或小组代表在课堂上总结学习成果，与同学们交流分享学习经验，促进全体学生的共同进步。学生需要在课堂上进行汇报、交流学习体验，分享作品制作的成功和喜悦。在这个过程中，教师应给予反馈、评价，学生之间也可以进行评价并提出有效的解决方案；当然，师生、学生间通过这个环节可以学习他人好的学习方法、观点等，起到取长补短的学习效果。

5.总结、反馈、评价

在课堂结尾，教师应组织学生对本节课进行总结、评价，组织学生小组互评。这个过程中，教师应对学生反馈的问题做点评，同时对整节内容小结。此外，教师应提醒学生学会反思，从新的角度想问题，实现思维的拓展与知识的灵活运用。不但要注重对学习结果的评价，还要通过建立学生的学习档案，关注对学习过程的评价，真正做到定量评价和定性评价、形成性评价和总结性评价、对个人的评价和对小组的评价、自我评价和他人评价之间的结合。评价的内容涉及问题的选择、独立学习过程中的表现、在小组学习中的表现、学习计划安排、时间安排、结果表达和成果展示等各个方面。对结果的评价强调学生对知识和技能的掌握程度，对过程的评价强调学生在各种原始数据、实验记录、活动记录表、访谈表、调查表、学习体会、反思日记等内容中的表现。

第三节　基于翻转课堂的初中数学教学实施

一、初中数学翻转课堂的实施要求

（一）对教师的能力有更高的要求

翻转课堂中的教师，需要结合课标、教材和学生的经验、认知水平制作有吸引力和互动性的教学视频。有的教师受教学年限和教学思想的影响，他们虽然经常接触计算机，但是基本上都不会制作教学视频。教学视频的制作成为他们开展翻转课堂的绊脚石。他们指出，现在的学生思想比较开放，也喜欢挑战教师，对于他们这些有一定教学年限的教师来说，课中能够比较好地把握课堂的进程，兼顾每个小组的讨论和汇报进程，也能够较为合理地回答学生的问题，但是对于那些教学年限较少、教学经验不足的教师来说是一项挑战，尤其是教师在课堂上的教育机制和及时准确地回答学生提出的问题，这些都要求教师努力地学习广博的各种科学知识和提高计算机应用水平。

（二）互动时间充足

翻转课堂最大的优点是给师生充分的时间互动。受翻转课堂教学模式的影响，学生在课前阶段就已经完成了对新知识的学习，所以教师可以在课中与学生进行充分的沟通和交流，打造积极活跃的讨论氛围，还可以为一些学生进行个别指导，这就可以让整个课中的教学比较轻松。有的学生在私下也都反映比较喜欢上这样的学习模式的课。

二、初中数学翻转课堂的实施策略

（一）提高课前学习的有效性

课前学习是翻转课堂的一个重要组成部分。课前学习对学生学习数学能力的培养和提高都是大有裨益的，但就目前的初中数学实际情况来看，课前学习存在不能坚持实施、不知如何实施、实施效果不好等问题。那么，在翻转课堂的模式中对提高课前学习效果提出以下几个策略。

1. 明确学习目标

教师对初中数学翻转课堂的应用，首先要明确教学目标，明确学生对知识的掌握情况，然后对整个教学进行设计，指导学生针对教学目标进行思考。翻转课堂由课前学习、课堂学习和课后巩固三部分组成。课前学习以学生自学为主，课堂学习以合作探究为主，所以课前学习的教学目标和课堂学习的教学目标是不一样的。

2. 注重微视频的有效性

翻转课堂通过微视频的学习提高了学生对初中数学的学习效率，通过对学生和教师的调查问卷，我们发现微视频作为课前学习的材料可以有效地吸引学生学习数学知识的兴趣，而且就目前来说，翻转课堂的微视频基本来自教师结合教学实际自行录制。短暂的 5 ~ 7 分钟的微视频如何能提高学生课前学习的效率，教师除了熟练掌握和应用各类录制技术外，还可将对初中数学的微视频制作分为概念传授型、新知讲解型、难点突破型、习题讲授型、温故知新型等进行不同侧重的录制。

不管是哪一种类型的微视频，在制作过程中都应该突出主要的教学内容，在这个过程中不是仅仅注重教会学生，而是能在微视频中引发学生积极思考，使学生能在观看微视频的过程中与教师思维同步，能够主动吸收。微视频虽然短小，但它应该是能够解决一个数学问题，所以教师在录制微视频时，一定要把握每一个知识点的关键。在概念传授型的微视频制作中，可以侧重概念的讲解和辨析；在新知讲解型的微视频制作中，可以侧重知识的理解和掌握；在难点突破型的微视频制作中，教师应该提炼方法，集中解决学生的难点问题；在习题讲授型的微视频中，教师就应该注重习题的分析和解决，当然在初中数学中，还不能忽视习题解答的书写过程，这些在微视频中都可以很好地呈现；最后，在温故知新型的微视频中，教师应该注重学生数学能力的提升，所以应侧重知识的归纳提升。

（二）加强课堂活动设计

1. 课堂学生活动的设计

翻转课堂重新调整了课堂内外的时间，注重了课前学习的必要性，许多教师将精力集中于课前微视频的制作，但课堂学习依旧是翻转课堂的核心。区别于传统课堂，翻转课堂的课堂学习活动设计中，教师要更多地根据学生在课前学习中反馈出的问题合理设计课堂活动，有效地解决学生问题，并能在课堂活动中有效提高学生的能力。翻转课堂的学生活动主要通过小组学习的形式来完成。小组学习可基本分为合作性学习和竞争性学习。

要保证小组学习的有效性，教师应注意：小组合作学习的问题应该有一定的挑战性，有利于激发学生的主动性和学习激情。一节课中小组合作的次数也不宜过多，一般不超过 3 次，合作次数过多容易造成学生思维发散过度，不容易集中；在小组学习过程中，设置 1～2 个竞争机制，通过这种机制，不仅可以让每个小组成员主动得到提高，还能在学习上获得更大的成功喜悦。当然，教师在翻转课堂的活动设计中，也应充分考虑培养学生的独立学习能力。

在学生活动过程中，教师站在一个观众的角度，去欣赏学生在课堂上的创造，适时地参与学生的讨论。对于重点内容，学生研究讨论后，教师只做进一步的讲解。课堂气氛非常活跃，学生在轻松的学习氛围中掌握了知识，通过学生活动，使最短路径问题变得不再那么抽象和空洞，让知识真正从学生的头脑中产生。

2. 课堂教学评价

翻转课堂时间的高效化体现在课前技术的支持和课堂活动的组织与实施上，翻转课堂的及时评价也可以让教师快速精准地了解学生课前的预习情况和课堂的知识内化情况，这种评价对教师和学生都具有一定的强化作用，通过评价既可以反映出学生掌握教学目标的程度，还可以对学生的学习动机起到激励作用，有效地产生学生学习的情感态度。

虽然教师明白教学评价的重要性和必要性，但在传统教学模式中，因为教学实践等现实原因，教学评价往往被弱化，在进行教学评价时，从测量的标准和方法到评价者所持的态度，特别是最终的评价结果，都应该符合客观事实，而不能主观臆断，因为教学评价的目的在于给学生和教师以客观的判断，否则容易导致教学决策的失误。

　　教学评价要遵循整体性和指导性原则。进行教学评价时，要对组成教学互动的多个方面做全方位的评价，不能只对其中单一的环节进行评价，但教学是一个复杂和多样性的过程，所以教学评价必须把定性和定量相结合，以求能够全面准确并且客观地进行教学评价。教学评价也不能脱离指导性，因为教学评价始终是对教学效果进行的综合评价，它是为了了解教学的各个方面，从而去判断教学的水平，所以在进行教学评价时，我们还应该对评价的结果进行分析，找出造成这样的结果的原因，通过及时的反馈，让学生和教师都能在教学评价中明确自己的方向。

　　翻转课堂的评价可以由学生小组成员或教师共同完成。翻转课堂不仅注重学生的学习过程，更注重学生的点评提升，点评的内容可以涉及翻转课堂的每个环节，如课前学习、课堂学习中的表现，学习成果展示等多方面，对学生进行诊断性评价。对学生的评价既可以强调学生的知识和技能的掌握程度，也可以注重学生情感和能力的养成，对学生进行总结性评价。对翻转课堂过程的评价还可以由学生自身或小组成员通过学习过程活动、学习体会、反思等内容表现。所以，翻转课堂的评价是多样性且可操作性的。

（三）课后环节的适当运用

　　在翻转课堂的研究中，对翻转课堂的课前和课中环节进行了大量的研究，往往忽视了翻转课堂的课后环节。翻转课堂虽然重新调整了课堂内外的时间，但它并不是改变了教学的正常流程。翻转课堂的课后环节往往容易被忽视，是因为翻转课堂实际上是一个循环体，它不像传统课堂成为一个独立的个体。翻转课堂的课后环节是可以随着课前预习和课堂学习整体评价后，根据学生的不同实际需求进行针对性的巩固提升。翻转课堂的课后环节相比课前环节更能尊重学生个体差异，成为学生和教师的一种对话方式。在翻转课堂的课后环节中，教师还可以根据不同学生制作不同需求的微课，针对能力较差的学生，关注这类学生的课堂评价，制作帮助学生复习巩固的课程，着重基础知识的掌握和运用；针对能力较强的学生，关注这类学生数学思维的发展，制作相对高于课堂需求的微课，着重数学能力和学习兴趣的培养；同时，课后环节也可以有机地与新课的预习环节相结合，使数学知识不脱离成独立的个体。翻转课堂的课后环节还可以进行数学知识方面的相关延伸，如数学史等相关内容，都可以作为数学学习素材放置在翻转课堂的课后环节提供给学生，尽情满足不同学生对数学学习的不同需求。

第六章　初中数学应用能力提升策略之四——学生创新能力与创造性思维的培养

我们必须重视创新，尤其是重视对下一代的创新教育和创新能力的培养。在我国的素质教育中，将对学生的创新能力培养放在了国家的战略高度上，所以作为一名初中数学教师理应尽自己最大的努力来完成对学生创新能力的培养。本章通过对初中数学教学中创新能力培养的阐述，充分展现了初中生创新能力培养的重要性。

第一节　创新能力概述

一、创新能力的概念

"创新能力"是与"创新"紧密相关的一个概念。所谓创新能力就是指运用已有的一切信息，对事物（包括自然界、社会及人本身等）的现象与本质进行合理的分析、综合、推理和想象，从而产生出独特的、新颖的、具有个人价值或社会价值的新工艺、新成果、新产品的能力，即提出假设然后解决问题的能力。

主体的创新能力包括创新精神和创新方法两个层面的含义。创新精神是指创新能力中的非智力因素，是由思想政治素质（世界观、人生观、价值观等）、道德素质（个人美德、社会美德、理想道德等）和个性心理因素（好奇心、创新意识、无畏精神、坚持精神、科学态度等）三个方面构成的精神能力。创新方法是指创新能力中的智力因素，是由注意力、观察力、理解力、记忆力、想象力以及思维能力等其他能力所共同构成的认知能力，在这里思维能力是核心，包括形象、逻辑和创造（直觉、灵感、顿悟等）思维能力。

二、创新能力的构成

（一）创新思维能力

创新思维能力是指创新思维突破常规思路的束缚，探索对问题全新、独特的解决方法的思维过程。创新思维能力对个体的创新能力的形成、发展具有十分重要的地位和作用，甚至直接决定着个体的创新能力的强弱。

（二）创新学习能力

创新学习能力主要表现为个体自觉、能动、有目的、有创造性地从事各种学习活动。学习活动是创新能力形成和发展的基础，创新能力正是在创新思维的主导下，通过系统、有目的地学习各种与创新有关的知识、理论、方法，进行各种创新训练活动而不断形成和稳定的。

（三）发明创造能力

发明创造能力是立足已有的事物，对其进行重新组合，进而产生出新颖、独特、有价值的产品的能力，是一种产生新思路与新事物的综合能力。发明创造能力是创新能力最直接的体现，因为不管是创新思维还是创新学习，都需要通过相应的发明创造活动表现出来，社会也正是通过个体发明创造能力及其发明创造的成果（主要体现为新产品、新知识、新理论、新技术等）获得对个体创新能力的认识和体验，并对个体创新能力强弱做出相应的评价。

（四）分析能力

分析能力是把事物的整体分解为若干部分进行研究的技能和本领。事物是由不同要素、不同层次、不同规定性组成的统一整体。认识事物的有效方式之一就是把它的每个要素、层次、规定性在思维中暂时分割开来进行考察和研究，弄清楚每个局部的性质、局部之间的相互关系以及局部与整体的联系。做到由表及里、由浅入深、由易到难地认识事物和问题。分析能力的高低强弱与三个因素有关：一是个人的知识、经验和禀赋；二是分析工具和方法的水平；三是共同讨论与合作研究的品质。随着科学技术的发展，高性能计算机与各种科学仪器以及新的分析方法的出现和应用，有效地提高了人们的分析能力。当然，分析能力也有局限性和片面性，容易使人只见树木，不见森林，忽视从整体上把握事物，因此通常把分析能力与综合能力结合起来运用。

（五）想象能力

想象能力是以一定知识和经验为基础，通过直觉、形象思维或组合思维，不受已有结论、观点、框架和理论的限制，提出新设想、新创见的能力。想象能力往往是发现问题和解决问题的突破口，在创新活动中扮演突击队和急先锋的角色，缺乏想象能力很难从事创新工作。

（六）批判能力

批判能力表现在两个方面，在学习、吸收已有知识和经验时，批判能力保证人们不盲从，而是批判性、选择性地吸收和接受，去粗取精、去伪存真；在研究和创新方面，质疑和批判是创新的起点，没有质疑和批判就只能跟在权威和定论后面亦步亦趋，不可能做出突破性贡献。科学技术史表明，重大创新成果通常都是在对权威理论进行质疑和批判的前提下做出的。

（七）解决问题的能力

解决问题包括提出问题和凝练问题，针对问题选择和调动已有的经验、知识和方法，设计和实施解决问题的方案，对于难题，能够创造性地组合已有的方法乃至提出新方法来予以解决。解决问题分狭义和广义之分，狭义地解决问题就是人们通常认为的各种问题的解决，如物理问题、数学问题、技术问题；广义的问题解决则包括各种思维活动，在这种情况下，创新能力就等同于创新性解决问题的能力。

（八）实践能力

实践能力特指社会实践能力。提出创造发明成果，只是创新活动的第一阶段，要使成果得到承认、传播、应用，实现其学术价值、经济价值和社会价值，必须和社会打交道，实践能力就是为实现这一目标而进行的各种社会实践活动的能力。

第二节　初中数学教学中学生创造性思维的培养

一、创造性思维的相关概念

（一）思维的概念

思维，是脑对知识、信息进行加工、处理的活动。这里的脑可以指人脑，也可以指电脑和动物脑。这是广义的思维定义。但目前人们对机器和动物的"思维"能否算作思维还存在着争议，因此我们采用了狭义的思维定义：思维是人脑对知识、信息进行加工、处理的活动。本书所指的创新思维训练也是针对人的思维进行的。一般把思维活动看作人的理性认识，是指人们在获得对事物的感性认识后所进行的思维活动。但思维活动不等同于对感性材料进行加工的认识活动，还包括对已经形成的理性知识进行加工处理的活动以及对感性材料与理性知识混合在一起进行加工处理的活动。

思维原属于哲学研究的范畴，后来又成为逻辑学、心理学、美学、生理学等多门学科研究的内容。1984 年以来，有些学者开始倡导思维科学，专门把人的思维问题作为研究的对象。由于各学科研究思维的角度、方面和侧重点不同，人们往往从不同的意义上来理解和使用思维的概念。哲学上所讲的思维，一种是相对于存在（物质）而言的，即意识或精神：另一种是指理性认识，即思想，或指理性认识过程，即思考。一般把思维活动看作人的理性认识，是指人们在获得对事物的感性认识之后所进行的思维活动。哲学讲思维时通常是指抽象思维。

（二）创造性的含义

创造或创造活动是指提供新的、前所未有的且具有社会意义的产物的活动。这里的"产物"可以是客观存在的事物，如新产品、新技术、新创作等；也可以是观念形态的东西，如新观点、新理论、新学说等。总之，我们把能够提供首创的、有社会意义的活动统称为创造或创造活动。

创造性或创造力是指人们提供有创见的、具有社会意义产物的能力。任何正常的人都可以进行创造活动，但每个人所进行的创造活动的效率和结果是有差异的，这种差异就是人们不同水平创造性的具体表现。创造性是一种综合能力，它主要由三个部分组成，即创造性思维能力、创造性个性倾向（表现为好奇、进取、专注、自信、坚韧、自制和敢于冒险等）和创造性表现能力（主要指与特定创造任务相联系的有关知识、技能、方法等）。需要特别指出的是，本书的编写意图主要在于指导中小学对学生开展创造性思维能力训练，培养学生的创造性思维能力。其实，创造性个性倾向的特点、创造性表现能力的水平对个体创造力的发展有着十分重要的影响，这一点应该引起教育工作者的高度重视。

（三）创造性的组成成分

对于创造性由哪些因素组成这个问题，不同的研究者由于其研究范围、侧重点的不同而提出了不同的看法，但基本精神是一致的。这里，我们引用美国创造性社会心理学家艾曼贝尔的观点给以说明。艾曼贝尔认为，创造性主要由以下几种成分组成。

1. 有关领域的知识技能

有关领域的知识技能，可以看作一套解决某个特定问题或从事某项特定工作的认知途径。这种途径的数量、质量影响着产生新东西、形成新观念的数量、价值。换句话说，某个领域的知识、技能的储备为人在这一领域创造性的发展提供了基础，离开了知识、技能的学习、掌握和不断积累，人的创造性只能成为空中楼阁。总之，知识技能是特定领域中任何有成效的活动的基础，它决定着创造性行为发生的总方向。

有关领域的知识技能具体可以分为以下三个方面：谙熟该领域的实际知识，如事实、原理、各种争论和学术思潮、范例、解决该领域问题的"行动方案"以及审美标准等；某一特定领域所需要的专门技巧，如实验技术、写作技巧、作曲能力等；有关领域的特殊"天赋"，如音乐家特别敏锐的曲调感、节奏感，运动员特别突出的机体觉、平衡觉等。"天赋"的发展，依赖先天的潜能和后天的教育开发。

2. 有关创造性的知识技能

有关领域的知识技能为从事相应领域的活动提供了基础，但并不能保证在该领域取得创造性成果。创造性成果的取得，还需要某个领域的创造性知识技能。从一定意义上讲，创造性知识技能决定着一个人在某个领域的创造性——突破常规、开拓创新的能力。

有关创造性的知识技能具体包括以下几项。

有利于创新的认知方式。它的特征是能轻松自如地理解复杂事物，在解决问题时善于打破背景、定式的束缚。

启发产生新观念的知识。这种知识是指那些能降低探索解决方法平均难度的任何原理或手段。其实，这里的"启发产生新观念的知识"就是我们平常习惯上称为创造技法的东西。创造技法是处理具体问题的方式，它的掌握有助于打破背景而产生新观念，有助于创造性行为的形成。

有助于创造性产生的工作风格。如长时间集中精力的能力；有正当理由时，放弃无新意的研究方法而暂时搁置问题的能力；不断正视困难；能力水平很高，有顽强的工作意愿，自始至终有大量的新思想产生等。

创造性技能的发展受教育训练、个人经验和个性特征等多种因素的影响。其中，有关个性特征对创造性技能的形成、发展影响重大。这些特征包括自作主张、延迟奖赏、百折不挠、容忍不同解释、愿意承担风险等，特别是独立行事、在思想上不屈从别人、不依赖社会认可等个性特征，对创造性有十分显著、稳定的积极影响。

3. 工作动机

动机是个体发动和维持活动的心理倾向，是激励人们实现行动目的的内部原因。艾曼贝尔认为，工作动机主要包含两个因素：一是个人对工作的基本态度，即在特定条件下，个人对自己所从事工作的认识，它主要解决为什么做的问题；二是个人对自己所接受的工作的理解，即个人对自己所从事工作的过程、方法等的认识，它主要解决怎样做的问题。

在创造性的三个组成部分中，有关领域的技能和有关创造性的技能，决定着一个人"能做什么"，而工作动机决定着一个人"将做什么"。从创造性社会心理学的观点看，工作动机乃是创造性最重要的构成因素，因为它在三者中起着导向、激发、维持和调控作用。

（四）创造性思维的含义

创造性思维是一种产生新思想的思维活动。产生新思想主要依赖的是非逻辑思维，但是新思想产生之前的酝酿过程以及新思想产生之后的论证过程都离不开逻辑思维的作用。因此，人们大都认为创造性思维是非逻辑思维和逻辑思维的融合与互补，但是也大都认为非逻辑思维是创造性思维的关键和核心，在创造性思维过程中起着决定性的作用。

创造性思维不仅要"创"，而且要"造"，先"创"而后"造"。无论是创造一个新思想，创造性地解决问题，还是创造一个新事物，都必须先在思想上进行创新，再用逻辑思维把它造成一个逻辑系统。如果要创造一个新事物，就还要将之付诸实践。我们认为，创造性思维的"造"不是指制造一个新事物的活动，而是指把一个新的思想"造"成一个逻辑系统。在创造性思维活动中，"创"是关键，也是最难之处，"造"是次要的，也是较为容易之处，所以，有的人干脆就把创造性思维等同于非逻辑思维，这是可以理解的，也确实说明了非逻辑思维在创造性思维中的地位和作用，但却有失偏颇。创造性思维之所以不能像其他思维形式那样简单地被归结为非逻辑思维，就是因为它不仅要"创"，而且要"造"，这就离不开逻辑思维的作用。

与一般思维相比，创造性思维最主要的特点是新颖性和价值性。新颖性是指独创新异、前所未有；价值性是指创造性思维提供的产品要有一定的用途，一定的作用。当然，这里的新颖和价值都是相对的，有一个评价标准的问题。像马克思创立"剩余价值学说"，哥白尼提出"日心说"，达尔文建立"进化论"，爱迪生发明留声机，这些创见、发现、发明对人类社会的发展有划时代的意义，它们的新颖性和价值性是相对于人类历史而言的，在人类发展史上是史无前例、新颖独特的。按美国人本主义心理学家马斯洛对创造性的划分，上述伟人的创造属于"特殊才能的创造性"（也可以称作真创造）。而每一个正常人在日常学习、生活、工作中，都在追求着自我潜能的发挥、发展，在此过程中，总会产生新见解、新方法、新主张，只不过这些东西对创造者自己来说是新的，但对社会和他人来说不一定是新的。这种创造性马斯洛称之为"自我实现的创造性"（也可以称作类创造）。中小学生学习中表现出来的创造性，大多属于后者。

与创造性思维相对的是常规性思维。常规性思维也叫再生性思维，是指人们运用人类已有的知识经验解决一般实际问题的思维。这种思维主要是在已知领域中进行的，对人类知识领域并不增添新的内容，也就是说它不产生新的思维成果。如"1+2+3+…+100=？"这道题的计算，一般儿童用累加的方法计算结果，这便是常规性思维。而数学家高斯在 10 岁时用"$101 \times 100 \div 2$"的算式计算出 5050 的结果，这便是创造性思维。因为这种解题思路、方法是独创的，是别人未曾使用过的。

二、初中数学教学中学生创造性思维的培养策略

（一）培养学生的创造力

1. 创设创造性环境

人本主义学家罗杰斯认为，心理安全、心理自由是发挥创造性思维的先决条件，因为在压力、束缚和顺从盛行的地方，必然缺少自由的心理气氛，缺少获得表达、感觉、思维的自由。它要求教师要以平等的态度对待学生，以民主的方式指导组织教学活动课。同时，教师也应用自己的人格、形象以及语言等调节和控制各种教育影响因素，促进创造之风的形成。

（1）营造良好的学习氛围，激发学生创造潜能

只有在一个好的学习氛围中，学生才会积极主动的学习，才能挖掘出创造潜力。若在一个冷嘲热讽、声色俱厉的环境中，学生整天胆战心惊，根本无心学习，更谈不上创造。对于数学而言，常把它形容为"思维的体操"。通过数学的学习可以训练学生的逻辑思维能力，给出一个问题可以有多种解决方案，从中找出一种最简单的方案。因此，我们要鼓励学生多思、多想、多说、多做。例如，每解决完一个问题，教师就问学生："你还有什么疑问吗？""你知道运用了什么知识吗？""你能说说应注意什么吗？""你还有别的方法吗？"。这样通过教师的点拨指导，使学生处于学习主动的地位，从而形成浓厚的创造气氛。学生回答问题后，教师夸学生"你的思维很独特""你真善于动脑""你

真棒",当学生回答错后,也微笑着说"没关系,你能大胆地陈述自己的观点""下次努力,老师期待着你"等。通过这些评价语言,学生回答问题会变得积极踊跃,没有顾虑,会激发出学生学习的热情和创造的欲望。时间久了,学生将拥有自己的思想,敢于挑战教师,挑战课本,挑战权威。每解决完一个问题,他们就会尝试还有什么新办法,还有没有更简单的方法。

（2）创设教学情境,激发学生创造欲望

在数学教学中,要善于利用学生的求知欲、好奇心,精心设计出吸引学生注意,并蕴含所学知识的学习活动,激发学生的学习兴趣,令他们积极主动地参与教学活动。学生在一种活泼愉快的教学环境中,能投入地提出问题和解决问题,并不断地质疑、探索、发现,激发出自己的求知欲和创造欲。

（3）创建辩论舞台,激活学生创造思维

在数学中往往存在着一题多解或多题一解,这就需要学生灵活应用所学知识,进行归纳、总结,找出最优方案。因此,在数学教学中,不能简单地只追求一个标准答案,要为学生创建一个自由辩论的舞台,抓住疑点、难点,让学生说出自己的观点和看法,通过相互争辩,让学生明白道理,最终掌握方法。在学习的过程中,不能直接把结论告诉学生,要设置问题,让学生讨论,在不断地肯定与否定中,经历领悟与明白的创新过程。例如,讲分式方程的解法时,对解要进行检验,而学生不理解,教师提出能引发学生争议的问题来展开讨论:"分式方程求解后不检验行吗?"学生就提出了对立意见,然后教师可以出两个得到相同解的分式方程,但一个代入分式方程后导致分式方程无意义,所以无解。通过实践、讨论,学生明白:分式方程检验的必要性,代入最简公分母,为零无解;不为零有解。这种教法让学生经历了探索的过程,为学生提供了更为广阔的发表独立见解的思维空间,创新思维火花在争辩中随时都会有所闪现。

2. 加强创造性认知

（1）建立合理的知识结构

要培养创造性,必须建立合理的知识结构。知识是人类生活经验的总结,是推动科学进步和提高生产力的源泉,没有知识的人不可能有任何创造。但有的人一生为获取知识而辛勤苦读却没有创造,因为他懂得最多的仅仅是"什么是什么"之类的已经固化了的"死知识",只知道一成不变,照抄照搬。

知识所具有的特征。①有双重的知识等级,即以加涅主张的以逻辑关系为微观的结构,以主题为中心的从一般到特殊的等级为宏观的结构。②具有大容量的知识功能单位。所谓知识功能单位,是指一组在内容上有必然联系的信息。

这种功能单位是思维的组合件，其含量越大，思维的跳跃性便越强。③具有程序性知识而不是事实性知识，后者只让人有知识结论，前者还告诉人们产生某些结论的条件，因此更有利于解决问题。要使学生具有这样的知识结构，也就是说学生不能只简单地记住一些公式和定理，但却不明白它的条件、范围、导出和运用，这样的知识是死知识，对学生的创造力没有丝毫作用。学生只有明白它的来龙去脉，并形成一种具有等级与层次的知识结构，形成一种知识网络，才有利于发挥创造性。

在现实生活中，许多教师强调的是对内容的"讲透""听懂"，学生也只是对现成知识理解、记忆，成为知识的容器。教学过程简单化，学生缺少了探究与思考，就谈不上创造性思维的发展。苏霍姆林斯基说得好："没有思考就不会有发现，而没有发现就谈不上教育工作的创造性。"例如，在学习了反比例函数后，教师就让学生与正比例函数从以下几方面进行对比：①两种函数的解析式有何相同与不同？两种函数的图像的特征有何区别？②在常数 k 相同的情况下，当自变量 x 变化时两种函数的函数值 y 的变化趋势有什么区别？③ x 的取值范围有何不同？常数 k 的符号改变对两种函数图像所处象限的影响有何异同？把学生置于一种问题情境中，师生间通过相互讨论，相互促进，教学成为师生间共同探索知识的过程。学生思维活跃，兴趣浓厚，创造力自然能被激活和发展。

要想在数学教育中培养学生的创造力，就要解决获得知识和探索知识之间的关系。一方面，不可能将所有的数学知识都作为探索的内容，这不仅违背教学原则，而且也不现实。另一方面，又确实有许多数学知识具有容易发现的特点。这就需要我们在教学实践中不断探索，找到一种最佳的平衡点，使学生的知识结构能最大程度地促进创造力的发挥。

（2）要加强学法指导

在数学教学中，必须加强学法指导，使学生由学会转化为会学。学生只有有意识地确立自己的学习目标，能从不同的学习方式所产生的后果中获取反馈信息，并不断进行调节，以便更好达到学习目标，使学生的主动性、自觉性、自立性得到充分发挥，从而提高学习效率。这样也可以培养学生的自立精神、奋斗精神和创新精神，更可以促进学生创造力的形成。

学法指导包括两方面的内容：一是在具体的学习情境中引导学生掌握具体的学习方法；二是教会学生方法，让学生在不同情境能灵活运用。

首先在课堂中，教会学生学会观察，学会动手操作。如学习"三视图"时，让学生先用硬纸做正方体盒子，然后把它们垒成不同的形状，从不同方面进行观察。接着问：观察时，从哪几方面来看？接着让学生分组制作、观察，再让学生演示和共同讨论，找三视图从几方面看？分别看到的是什么形状？通过学生的动口、动手、动脑学会知识，促进学生的个性的发展。

其次在解决问题时，教会学生学会质疑，以促进学生更加深刻地理解新学知识，而且能从中培养独立学习的能力。如学习"多边形的内角和"时，在引导学生画图、寻找解法得到结论后，为了让学生进一步从这一结论中得到拓展和引申，教师可以指导学生对结论进行质疑：若"多边形的顶点"改为"多边形边上任意一点"将会出现怎样的结论？若为"多边形内任意一点"又将会有怎样的结论呢？对此质疑让学生通过讨论分析比较后，学生的疑惑得到解决，使知识得到真正掌握，并能融会贯通灵活运用。

最后教会学生归纳总结，可以使学生逐步掌握科学的学习策略，提高学习效率。如学习"平行线的性质"时通过作图、观察、猜测、操作等活动，揭示了平行线的性质，学生知道了平行线的性质是平行线判定的逆应用。于是让学生回想，在本课题的学习过程中，是怎样获得平行线的性质的？得到这些规律的依据又是什么？两直线平行有这样的性质，若两直线不平行呢？进而让学生意识到学习是通过实践、观察、分析、归纳等一系列学习活动去尝试、去认识、去发现而得到的。

在课后，教会学生做作业前，要先复习，再做作业，最后反思自己是否掌握所学内容。若掌握不够或不太好，则要重新再深入理解当天所学的知识，并有针对性地进行课外阅读。这样学生虽然用了很长时间做作业，但可以调动学习的主动性、积极性和自觉目的性，而且能深入理解和完善掌握的知识，达到锻炼和培养分析、解决实际问题的创造力的目的。

（3）要鼓励学生大胆猜想

猜想就是依据某些事实和知识，凭借直觉所做的一种猜测。它以事实为基础，具有真实性、探索性、灵活性、创造性等基本特点。它是一种合情推理，而不是不合理的乱猜。在数学教学中鼓励学生大胆猜想，既可以使学生学好知识，又可以培养学生的创新思维和创新意识。

①教学时让学生大胆猜想。

探索培养学生猜想能力的数学教学模式。数学教学必须注重知识的发生过程，但真正能做到展示知识的生动发生过程的，唯有让学生参与猜想。要真正体现学生的主体性，就必须使学生的认知过程是一个再创造的过程，教学中必须渗透"猜想＋证明"的发现问题和解决问题的科学思维。

一位数学教育家曾经说过："数学教学的过程就是浓缩的数学发展史的过

程,所以教给学生发现的过程,这样才符合教学规律,才更有利于学生的发展。"

所以在讲解数学知识时,不是直接告诉学生,而是让学生逐步地猜想这些知识,就可以使学生理解所学知识,并掌握所学知识。如在讲同底数幂的乘法时,先让学生做根据乘方的意义的练习。

有部分学生在做完后,就马上发现了一种规律,只要将两个指数相加,底数不变。教师马上提问:同底数幂的乘法运算法则是什么?几乎所有的学生都能回答出来。就算过一阵子这个法则忘记了,也可以自己推导出来。

又如在讲解直线与圆的位置关系时,教师可以给大家演示一条直线与一个圆由远到近的移动过程,让学生观察它们位置的变化,由此猜想它们大概有几种位置,然后让大家讨论各自猜想的依据,他们很快就会得出:位置是由交点个数决定的,没有交点时是相离、一个交点时是相切、两个交点时是相交。直线与圆的三种位置关系给出得非常清楚,学生理解得也更为透彻。

②培养学生解决问题时大胆猜想的习惯。

在求解数学问题的过程中,有意识地加强学生观察力、发现力、推测能力的训练,养成仔细观察、认真发现、大胆推测的习惯,有利于学生科学的思维方法的形成,能够促进以创造力为核心的学生综合能力的提高,增强学生自主学习、研究性学习的意识。

(二)加强学生想象力的培养

1. 训练空间想象的直觉思维

直觉思维是没有思维过程的更高一级的思维方式。它是一种顿悟、一种灵感,需要一定的知识储备,在于平时的积累,是厚积薄发的产物。如同底等高的圆柱和圆锥,哪个表面积更大?乘胜追击,哪个侧面积更大呢?又如,有一圆柱体,已知它的轴截面面积,求它的侧面积。对于初中生这类题不宜过多,只能作为选修课或课外的趣味题偶尔地补充,否则增加了难度,偏离了重点。

2. 倡导数学生活化

倡导数学生活化,让学生自制模型,提升多种思维。让学生参与到实践中,一方面可以提高各种思维能力,另一方面要注重与生活实际相结合,使数学真正实现它为其他学科服务的工具功能作用,做到数学生活化。

在空间几何体部分,让学生描述一下实物的形状,就会觉得难以言表,许多学生会问许多为什么,如为什么圆锥的截面是一个扇形,而圆柱的截面是一个长方形等问题,如果让学生自己利用一些水果、橡皮泥、硬纸盒等材料动手制作后去观察，相对于直接告诉他们答案，这些"为什么"的问题就会迎刃而解，印象也更深刻，而且也激发了他们学习立体几何的兴趣。在动手制作的过程中，学生亲身体会到了不同几何体之间的一些区别，熟练掌握了空间几何体的结构，部分人能够举一反三，也为以后的解题提供了最直接的空间想象力的素材。

第三节　初中数学创新能力培养策略

一、培养学生良好的个性品质

面向全体，发展个性。这是新课程改革的最高宗旨和核心理念。每一个学生都有自身的独特个性，由于遗传因素、社会环境、家庭条件和生活经历的不同，而形成了个人独特的"心理世界"，他们在兴趣、爱好、动机、需要、气质、性格、智能和特长等各方面都是不相同的。独特性是个性的本质特征，珍视学生的独特性并培养具有独特个性的人，这应是我们对待学生的基本态度。数学创新教育十分重视能力的发展，尤其是创新能力的发展。创新能力与个性发展是相辅相成的，个性的发展往往蕴涵着创新能力的基础。数学教学要面向全体学生，就是要尊重学生的个性差异，培养学生的个性，开发学生的潜能，使每个学生在自己原有的基础上都能得到发展。这里有以下两个方面的问题。

第一，创新往往是认知个体发自内心的强烈冲动。一个具有创新能力的人，必然是一个具有很强的独立人格的人，这样的人不迷信权威，随时都可以萌发创新的欲望。所以，发展学生的个性，就是要重视对每个学生独立人格的培养，充分肯定和尊重学生个体的主体价值。创新教育要求教师放弃权威式的教育与管理，推行民主的教育与管理，注重因材施教，给学生更多的独立思考、自由表达、自由选择的机会。在兼顾各类学生不同需要和接受能力、达到规定的基本要求的同时，尽量给学生提供更多的自由发展的余地。

第二，在强调发展学生个性的同时，要培养学生合作与交流的意识。我们知道，许多发现、发明和创造都是通过一个团队共同协作、开展创新活动完成的。每一个从事创新的个体，都应该主动地将自己的智慧和发现向社会开放，同时又能用他人、社会和人类的智慧与信息，求得个体的生存和发展，促使自己创新的顺利进行。因此，树立合作、交流意识，培养良好的合作与交流技巧是发展个性所必需的。在数学教学中，教师可应用成立合作学习小组形式，开展师生之间、学生与学生之间的多边活动，为学生提供更多的讨论、交流机会。这种多边讨论、交流的合作互动学习方式，有利于激发集体的创新意识，发展集体的创新能力，将个体之间的竞争转化为小组之间的群体的竞争，有助于培养学生的合作精神和群体的创新意识，提高学习和创新的效率。

二、提高参与意识，锻炼学生的创新思维

提高学生的参与意识，锻炼学生的创新思维是培养学生创新能力的关键。学生在学习问题上可以分为两个部分，即学习过程和学习方法。首先学习过程指的是课前预习、课堂学习、课后作业及练习方面。在这个阶段中，每一个学生除了自己学习之外，还要与教师、同学之间相互交流和探讨，只有积极、主动地参与课堂训练，与同学共同合作，才能达到锻炼创新思维、互相学习、共同进步的目的。其次是学习方法的问题，每一个学生都有适合自己的学习方法，但不同的方法会有不同的优缺点，如果只是自我封闭式的学习，没有与其他同学的交流和讨论，学生自己可能永远都不知道自己学习方式的缺陷在哪里。因此这就要求每一个学生都要在学习的过程中加强自己的参与意识，重视与教师的交流、与同学的交流，找出自己的不足，努力改进自己的学习方法，从而在提高学习效率的同时不断锻炼自己的创新思维，提高自己的创新能力。培养学生的参与意识，主要可以从以下两个方面来阐述。

（一）培养学生参与创新的热情

培养参与的热情关键在于激发学生学习的欲望。不仅可以通过激发学习兴趣的方法实现，将学习的兴趣融入参与学习的热情中来，从而激发学生的学习欲望，进而达到锻炼学生的创新思维的目的。除此之外，还可以通过积极引导和督促使学生树立良好的学习动机，如可以讲一些数学家通过努力奋斗最终获得成功的故事来矫正学生的不良学习动机，激发学生学习和参与创新的热情，使学生感觉到学习初中数学是一件开心、激动的事情，进而提高学生参与知识创新的热情，锻炼学生的创新思维，培育学生的创新能力。

（二）重视学生的创新实践

在初中数学教学中，学生参与意识培养的实践操作，就是促使学生眼、耳、鼻、舌、身等多种感官并用，让学生积累丰富的典型的感性材料，从而建立起清晰的表象，以更好地进行比较、分析、概括等一系列思维活动，进而真正参与到知识形成和发展的全过程中来。例如，在课堂上要求学生来当教师，学生讲，学生听，学生评，使学生亲自参与到这些活动中来，由此课本上的知识会分析得比较透彻，会掌握得比较牢固。长此以往，学生会自然而然地从一般参与者到拥有参与的意识，同时，在知识学习的过程中也锻炼了他们创新性思维的形成和发展。

三、开展科学的教学评价

在数学教学过程中，坚持创新的价值取向，以突出创新为标准，建立科学的评价方法，鼓励、引导、激励学生为提高创新能力而学。

（一）关于数学创新能力的评价标准

前面讲过数学创新能力的含义，其界定较为复杂，给数学创新能力评价标准的确定带来了一定的困难。对这个问题许多专家曾做过研究，这里介绍两例评价标准，作为此问题探讨时的一个参考。

帕瓦斯通过分析具有创新能力的数学家的个性行为特征和数学思维特征，提出了数学创新能力评价的四个基本标准：能够识别或构造引起他人兴趣的数据或情境；善于寻求一般的归纳思路，或通过分析识别相似的模式而对特殊的结论一般化；对所思考的问题有着较为丰富的想象力；对一个问题能够提供多种解法，而且这些解法非常巧妙、独特。

一些数学教育家选择以下标准来评价学生数学创新能力：善于对数学问题情境进行分析，并形成假设；善于将一个一般的数学问题分解成几个具体的子问题；善于打破思维常规。

（二）关于数学创新能力的评价方法

根据以上数学创新能力的评价标准，以往那种只用考试成绩来评价学生学习情况的方法已经无法适用了，数学创新能力的评价不仅要关注学生的学习结果，更要关注学生数学学习过程中的动机、情感、思维、活动等问题。如建议对学生学习和处理问题的过程进行录像，然后反复进行播放，并从不同的角度分析学生的学习活动。数学创新能力主要通过下列活动的情况进行评价：引入原先未有详细说明的对象；识别出尚未表达的任务的性质；发现不同性质之间的联系；得出正确的数学结论；调整思维操作对象；变换目标和任务。也有人建议通过观察学生在学习过程中的行为表现来评价学生数学创新思维能力，当学生在思考问题时，他们被要求出声思维。数学创新能力正是通过声音表达的思维活动进行的评价。具体地说，流畅性由口头表达的次数来评价，独特性、新颖性由不常见的（富有创意的）口头表示次数来评价；灵活性由不同类型的口头表述的次数来评价，精致性由特殊化、一般化和猜想次数来评价。

如何评价能力是课程改革面临的一个重要问题，也是数学创新教育面临的一个重要问题。在《课程标准》中建议实施多元评价，促进学生能力的发展。一方面是评价主体多元化，即指将教师评价、自我评价、同学互评、家长评价和社会有关人员评价结合起来；评价方式多元化，即指将定量评价与定性评价结合、书面评价与口头评价结合、课内评价与课外评价结合、结果与过程的评价结合；内容多元化，即包括对知识、技能、能力、过程、方法、情感，态度、价值观以及身心素质的评价；目标多元化，即指对不同的学生有不同的评价标准。

　　总之，关于数学创新能力的评价办法是一个重要问题，也是一复杂、困难的问题，需要学校、教师认真研究对待，在创新教育的过程中应不断加以改进和完善。

四、提高教师创新教育素质

　　所谓创新型教师就是具备了各种创新性素质和能够胜任创新教育任务的教师。作为一名数学教师还必须具备良好的教师职业道德、广博的数学知识学养和精湛的教学艺术。同时也要具备"以人为本、创新为重"的教育价值观和科学的学生观，以及与时代要求相适应的教育理念。

　　在教学过程中，教师应对学生的幻想报以热情肯定、鼓励和积极引导的态度，而绝不应用僵化的思想来束缚学生。因为创新往往是意外之作，不少是出于机遇。所以创新型教师要能够发现常人不注意的、容易忽略的问题，善于从学生的学习活动中发现学生的创造性，承认每个学生皆有创造性。在某种意义上可以说，只有创新型的教师才能实施创新教育，才能培养出创新型的学生。因此，教师自身必须具备较强的创新意识和较强的创新能力，只有这样，教师才能从自己的创新实践中发现创新能力形成发展的规律，为创新教育提供最直接、最深刻的体验，从而在教学过程中，自觉地将知识传授与创新思维相结合，发现学生的创新潜能，捕捉学生创新思维的闪光点，多层次、多角度地培养学生的创新精神和创新能力。

　　同时，教师应具有勇于开拓进取的创造才能和灵活机智的应变才能。教师的创造才能是指在教育实践活动中，教师能够针对教育对象、教育内容和教育情景的特点，有的放矢地提出新见解、创造新方法的才能。应变才能是指教师在教育过程中善于针对学生个性特点和当时的情境，随机应变地对意想不到的偶发事件进行迅速、巧妙而正确处理的心理能力和决策才能。一个观察能力、应变能力和创新能力都比较强的教师，才能够对学生施以有效的影响，使之养成较强的创新能力。

　　创新教育的一个重要特点就是超前性和新颖性。因此，教师要培养学生的创新能力，实施创新教育，必须让学生掌握最新的知识内容，了解世界最新发展动态，使学生的知识层次和结构接近世界先进水平。

第四节 竞赛数学在初中数学应用能力培养中的作用

一、竞赛数学的概念与特征

（一）竞赛数学的概念

竞赛数学也称奥林匹克数学，形成于数学竞赛活动，是随着数学竞赛活动的开展而产生的一门对青少年数学爱好者具有重大教育意义的数学教育学科。这门学科没有严谨、完整的知识结构体系，但又具有相对稳定的内容，通过问题和解题将许多具有创造性、灵活性、探索性和趣味性的知识综合在一起，达到解决问题的目的。在解决问题的过程中，一般强调知识的应用性与知识的逻辑性，竞赛数学更强调知识的应用性，特别是创造性的应用。

竞赛数学是以问题为核心，以开发智力为目的，以创新为宗旨，以初中生为对象，以课外活动为主要形式的综合数学教育学科。它所涉及的内容已稳定在代数（多项式、不等式、函数方程、数列等）、几何（主要是平面几何）、初等数论和组合初步四大块。另外，组合几何、组合数论、集合分析这些内容，由于其思维方式、解题技巧更适宜于尖子学生展示他们的数学才能，常常与现代数学思想相联系而成为竞赛数学的三大热点。

竞赛数学所涉及的内容，并不包含高等数学的知识，因为它不超过初等数学和优秀初中生所能接受的范围，但是它又不同于初中数学教材中的内容，因为它有许多高等数学的背景，运用了很多高等数学中的思想和方法，包含着比初中数学更为广泛的知识，需要更为灵活的思维和技巧。

竞赛数学与通常的高等数学、初等数学的不同之处，还在于通常的高等数学、初等数学往往追求证明一些概括广泛的定理，追求建立一般的理论和方法，而竞赛数学却寻求一些特殊的数学问题，追求用特殊方法来解决特殊的数学问题，并在不断地创新中寻求发展和完善。

（二）竞赛数学的特征

1. 文化的继承性

数学是人类文化的重要组成部分，是人类社会进步的产物，也是推动社会发展的动力。通过数学文化课程的学习，学生可以体会数学的科学价值、应用价值、人文价值，开阔视野，寻求数学进步的历史轨迹，激发对数学创新原动力的认识，学生受到优秀数学文化的熏陶，从而提高自身的文化素养和创新意识。

（1）竞赛数学包含了传统数学的精华

数学历史上的著名问题，是历代数学大师的光辉杰作，是人类文明的宝贵财富。它们通常与数学发展史上起过重大作用的历史事件和人物相连，以其别致、独到的构思，新颖、奇巧的方法和精美、漂亮的结论，使人们赏心悦目、流连忘返。在各类竞赛中，"四色定理""费马猜想""循环不等式""莫莱定理""欧拉圆""费马点""斯坦纳定理""波利亚问题"等，都曾以各种方式出现过。由于种种原因，今天学校的数学课堂教学，没能提供机会让青少年学生接触这笔丰富的遗产，而竞赛数学继承和发扬了它们，如费马大定理的一些特殊问题，多次在数学竞赛中出现过。

（2）竞赛数学包含了数学的观念和意识

数学的文化意义，其核心就是数学的观念、意识和思维方式。所谓数学的观念和意识，就是人们常说的有数学的头脑、数学的素养，准确地说是指推理意识、抽象意识、整体意识和化归意识。如推理意识，其体现了演绎逻辑的可靠性、严谨性和思维方式的广泛性、深刻性，这有助于学生不盲从、有条理、善思辨，在错综复杂的问题面前不被表面现象迷惑，能够透过现象，洞察事物的本质，揭示相互之间的关系，在办事处世时头脑里总有一个条理清晰的树形图，从而更有效地解决问题。

学生在初中数学学习过程中，学过许多重要的数学思想方法，如观察试验、归纳猜想、类比联想、从特殊到一般或从一般到特殊，递归、数形结合等数学思想以及换元法、待定系数法、分析法、综合法、数学归纳法等具体的数学方法。通过竞赛数学的学习，不仅可以提高学生已有的数学思想方法的层次水平，使他们更深刻地理解其思想实质，而且可以接触一些解决竞赛问题所必需的现代数学思想、数学观念和解题策略。如集合与对应、等与不等、函数方程、等价转化、数学建模等，它们都是人类十分珍贵的精神财富，对于形成科学的思维方法和科学精神具有极其重要的作用。

2. 命题的新颖性

命题的新颖性是数学竞赛试题的基本特征之一。命题者为了尽量保持竞赛的公平，就要避免陈题的出现，就必须创作出新颖的题目，为了保证竞赛题目的新意，许多竞赛题目不仅使用现代化的语言，而且渗透了现代数学思想，具有丰富的现代数学背景，体现了现代数学发展的趋势。数学竞赛试题的命题主要有三种途径：第一是将已有的题目认真解剖，然后做实质性的推广；第二是来自前沿数学家自己的科学研究，因为大多数高级的数学研究，总会包含着初等的等式、不等式以及其他的数学结论，如果能用初等方法来解决，就变成了数学竞赛试题；第三是将现代数学的一些研究成果经过简单化、特殊化后可以找到初等解法，也是竞赛试题的重要来源。

3.方法的创造性

试题的新颖性带动了解法的创造性。竞赛题目往往形式活泼，风格各异，各具特色，解竞赛题虽然离不开一般的思维规律，离不开数学知识，但没有固定的常规模式可循，仅仅掌握试题所涉及的数学知识，运用一些使用频率较大的方法和技巧，是远远不够的。在大多数情况下，需要有纵观全局的整体洞察力，敏锐的直觉和独创性的构思，要求学生自己去探索、尝试，通过观察、思考，寻求解决问题的有效途径，一些有固定模式可以遵循的问题，不属于奥林匹克数学。

在竞赛数学中，方法的创造性常常表现为初中生运用构造性的方法解决问题。近年来需要运用构造性方法的数学竞赛试题越来越多，此类试题需要学生根据命题的要求将数学对象精心地设计构造出来，需要学生认真观察、精于试验、善于联想、努力想象、大胆猜想、灵活转换、严格推理，这是对学生创新能力的极好的检验。

在竞赛数学中，数学构造能力主要表现为：由命题的结构特征构造数学模型，使条件与结论建立联系；直接构造结论所述的数学对象；构造一个符合条件但不满足结论的反例来否定结论。

二、竞赛数学的教育价值

由于竞赛数学本能地展示数学思想，生动地普及数学文化，因而具有很高的教育价值，对初中生数学创新能力的培养也具有独特的功能。

（一）有利于培养学生的数学创新思维能力

1.有利于培养学生思维的发散性

竞赛数学不是初等数学内容的简单叠加，它是对初中生所掌握的知识从不同的角度、不同方面进行非本质的变异，突出本质特征而形成的新的问题，这种问题及其设立的问题情境与解题者的认知结构之间存在着一定的距离，这就要求学生的思维品质具有很强的变通性，能够随着问题不断变化。要解决竞赛数学中的问题，需要学生将命题的条件和结论进行多次分解与组合，对已掌握的定理与公式进行正向和逆向的转换运用，灵活处理图形中的几何元素和位置关系等信息，从不同角度、不同侧面寻求解决思路，因此，整个探求问题解决的过程就是思维变通性的训练过程。

由于竞赛数学命题具有新颖性的特点，学生无法在其认知结构中直接找到问题的原型和解法，必须摆脱固定题型的束缚，超越模仿的局限，跳出现成程序的框架，学会观察、分析、归纳、类比、分类、变换、构造等探究型思维方法。

2. 有利于培养学生思维的直觉性

竞赛数学的高难度不在于要求学生有多少高深的数学知识，而在于他们对数学本质的洞察。竞赛数学中，相似性、对称性、和谐性、整体性、奇异性的结构等均可以有效地诱导学生直觉的数学联想和构思。

竞赛数学对学生直觉能力的要求主要表现为：从整体上直接领悟数学对象的本质；对数学问题、数学结构和关系的洞察；直接领悟解题思路和问题结果。

（二）有利于培养学生的创新人格

创新与人格的关系是非常密切的。高创造力的人具有一些有利于其创造力发展和创造性地完成任务的人格特点，这些特点就构成了"创造性的人格"。

高创造力者具有如下人格特点：具有浓厚的认识兴趣；情感丰富，富有幽默感；勇敢、甘愿冒险；坚持不懈、百折不挠；独立性强；自信、勤奋、进取心强；自我意识发展迅速；一丝不苟。

数学创新思维活动及其成果是智力因素与人格因素交互作用的结晶，其中，人格因素起着动力作用。要培养和造就创造性人才，不仅要重视培养创造性思维，而且要特别关注创造性人格的训练。

由于竞赛数学的高难度性，学生要解答任何一个竞赛数学问题，都必须付出艰苦的努力，集中全部的注意力，稍有不慎，就有可能解不出来。一旦学生较好地适应了大容量、快节奏的竞赛数学教学的要求，自然就会形成克服困难、知难而进的心理品质；他们在学习中投入了全部的精力，才使得他们在完成了教师布置的作业后，有一种兴奋感，从中体会到成功的喜悦；数学竞赛以"第二课堂"为基本辅导形式，参加数学竞赛辅导的学生既要完成正常的学习任务，又要发展自己在数学方面的特长，自然要比其他学生花费更多的学习时间，久而久之，就会养成勤奋、刻苦的学习习惯；参加数学竞赛辅导的学生，他们的数学基础扎实，知识面广，有较强的直觉判断能力，对数学的理解也比他人高出一筹，在平时的学习中也表现得更为自信；参加数学竞赛辅导的学生，往往能够明确自己的学习任务和奋斗目标，能够认识到课堂教学是在教师的指导下、主动探索的过程，听课不单纯是熟记知识的结论，而是学习教师提出问题、分析问题、解决问题的策略。因此，他们主动获取知识的意识更强，对教师的依赖性更弱。正因为在数学竞赛教学中，能够充分尊重与启发学生独立思考，能够为他们创设合适的数学问题情景，能够营造促进他们惊异和欣喜的氛围，才能很好地激发学生的好奇心，引发他们的求知欲，从而帮助他们克服一意孤行、盲目乱闯、急于求成的不良情绪，养成沉着耐心与坚忍不拔的意志品质。

由此可见，经过竞赛数学辅导的优秀学生，不仅数学成绩优秀，而且创新思维能力发展突出，创造型的人格特征也发展显著。

参考文献

[1]张荣良，王如东. 初中数学教学的思考与研究 [M]. 天津：天津科学技术出版社，2017.

[2]潘超，李红霞，赵思林. 初中数学教学研究与微课教学设计 [M]. 成都：四川大学出版社，2015.

[3]潘超，赵思林. 初中数学教学研究与案例分析 [M]. 成都：四川大学出版社，2014.

[4]穆晓东. 教学新视界——初中数学教学中运用量化指标评价优化教学的案例研究 [M]. 上海：上海科技教育出版社，2017.

[5]史承灼. 初中数学教学探究 [M]. 合肥：安徽文艺出版社，2014.

[6]李亚男. 初中数学教学攻略大全 [M]. 长春：东北师范大学出版社，2010.

[7]尹安群. 有效教学——初中数学教学中的问题与对策 [M]. 长春：东北师范大学出版社，2010.

[8]王国强. 初中数学课堂教学实践 [M]. 成都：电子科技大学出版社，2016.

[9]李延亮，张全友，杨瀚书，等. 初中数学课程与教学的实践研究 [M]. 青岛：中国海洋大学出版社，2015.

[10]刘乃志，吴丽，王仁全. 初中数学课堂教学研究与实践操作 [M]. 成都：电子科技大学出版社，2015.

[11]优才教育研究院. 初中数学课堂教学典型问题解决案例 [M]. 成都：四川大学出版社，2013.

[12]吴小兵. 初中数学课堂教学的 20 个细节 [M]. 南京：南京师范大学出版社，2016.

[13]上海市平和双语学校，龚德辉，苏晨杰. 数学双语教学手册（初中）[M]. 上海：上海教育出版社，2011.

[14]张华. 初中数学教育——课程与教学 [M]. 长沙：湖南师范大学出版社，2010.

[15]承锡生. 初中数学课程教学践行与反思 [M]. 长春：东北师范大学出版社，2011.

[16]黄一敏，胡惠闵，钱云祥，等. 初中数学课堂教学设计透视与导引 [M]. 北京：世界图书出版公司，2010.

[17]奚根荣，沈龙明. 初中数学有效教学实用课堂教学艺术 [M]. 北京：世界图书出版公司，2009.

[18]沈继红，高振滨，张晓威. 数学建模 [M]. 北京：清华大学出版社，2011.

[19]郭伟. 数学建模思想方法及其问题研究 [M]. 长春：吉林大学出版社，2017.

[20]刘常丽. 问题解决的数学建模方法与分析研究 [M]. 北京：中国水利水电出版社，2017.

[21]吕跃进. 数学建模教学研究与竞赛实践 [M]. 北京：清华大学出版社，2016.

[22]侯进军，肖艳清，谭敏，等. 数学建模方法与应用 [M]. 南京：东南大学出版社，2012.

[23]张思明. 张思明与中学数学建模 [M]. 北京：北京师范大学出版社，2015.

[24]杨春德，郑继明，张清华，等. 数学建模的认识与实践 [M]. 重庆：重庆大学出版社，2009.

[25]忻再义. 初中数学学生自主性课外活动设计 [M]. 上海：上海教育出版社，2006.

[26]杨帆. 自主学习方法导读 [M]. 长沙：湖南大学出版社，2015.

[27]冯艳明，张艳芳. 学生自主学习教师指导策略 [M]. 赤峰：内蒙古科学技术出版社，2017.

[28]王奕标. 透视翻转课堂——互联网时代的智慧教育 [M]. 广州：广东教育出版社，2016.

[29]李永. 轻松掌握翻转课堂 [M]. 北京：清华大学出版社，2018.

[30]方其桂. 翻转课堂与微课制作技术 [M]. 北京：清华大学出版社，2017.

[31]陈杰. 翻转课堂与微课（初中卷）[M]. 北京：中国轻工业出版社，2016.

[32]刘向永. 翻转课堂实操指南 [M]. 长春：东北师范大学出版社，2016.

[33]黄发国，张福涛. 翻转课堂微课设计研究与制作指导 [M]. 济南：山东友谊出版社，2015.

[34]邹尚智，徐晓雪. 中学生创新精神和实践能力培养研究与实务 [M]. 北京：开明出版社，2009.

[35]姜丽华. 学生创新能力培养与教师文化构建 [M]. 北京：中央编译出版社，2016.

[36]吕丽，流海平，顾永静. 创新思维——原理·技法·实训 [M]. 北京：北京理工大学出版社，2014.

[37]向国成，周光明. 创新教育与人才培养 [M]. 长沙：中南大学出版社，2010.

[38]夏至贤. 培养个性的花朵，激发创新的思维——浅谈初中数学教学中的创新能力培养 [J]. 中国校外教育，2010（S2）：544.

[39]孙勇. 关于数学应用能力若干问题的探讨 [J]. 课程·教材·教法，2010，30（8）：54-57.

[40]王艳艳，杜圣强. 运用慧学云平台开展初中数学翻转课堂教学 [J]. 中国教育技术装备，2017（19）：24-25.

[41]黄小霞. 刍议初中数学自主学习兴趣的培养方式和手段 [J]. 才智，2018（23）：130.

[42]赵桐. 基于学科本体的初中数学翻转课堂学习模式设计 [J]. 中国教育信息化，2018（13）：31-33.

[43]戴小慧. 初中数学翻转课堂模式的实践应用 [J]. 数学教学通讯，2015（22）：2-3.

[44]李晓红. 基于微课的初中数学翻转课堂教学的实践——以"等腰三角形的性质"设计为例 [J]. 教育信息技术，2016（3）：65-67.

[45]谢训秀. 数学建模思想在初中教学中的运用 [J]. 数学学习与研究，2017（18）：132.

[46]胡媛媛，侯进军. 初中学生数学建模素养培养的探究 [J]. 课程教育研究，2018（9）：149-150.

[47]省新斌. 初中数学教学中注重建模思维培养的尝试 [J]. 内蒙古教育，2018（6）：93-94.

[48]王国忠. 关于初中数学创新教育的几点思考 [J]. 数学学习与研究，2018（12）：121.

[49]范立武. 初中数学建模的困难及解决方法 [J]. 数学学习与研究, 2012（4）：95-96.

[50]唐剑锋. 初中数学自主学习模式下"导学案"的编写 [J]. 数理化学习（初中版），2013（4）：28-29.

[51]袁霞. 学生创新能力在初中数学教学中的培养 [J]. 数学学习与研究, 2018（19）：92.

[52]王丽琳. 应用意识：数学核心素养培养的着力点 [J]. 教育与教学研究, 2018，32（9）：111-117.

[53]王国仙. 关于学生数学应用意识和应用能力的调查研究 [J]. 思茅师范高等专科学校学报，2009，25（6）：38-43.

[54]韦程东，蓝秋欢. 初中数学教师数学建模教学元认知的调查分析 [J]. 广西师范学院学报（自然科学版），2016，33（1）：144-149.

[55]刘海燕. 初中数学建模思想初探 [J]. 现代教育科学，2011（4）：126-128.

[56]沈海萍. 初中数学建模教学浅谈 [J]. 中国校外教育，2015（24）：26.

[57]黄尤田. 微课堂在初中数学翻转课堂教学中的应用 [J]. 中国校外教育, 2017（2）：103-104.

[58]李明. 翻转课堂模式下数学学案导学新视野——初中数学"翻转课堂"初探 [J]. 教育现代化，2016，3（31）：292-294.

[59]孟辉. 初中数学翻转课堂教学设计与应用研究 [J]. 教育现代化, 2017，4（24）：240-242.

[60]吴华，丛洋，孙丽梅. 初中数学翻转课堂教学研究 [J]. 中国教育技术装备，2014（18）：136-138.

[61]李晓辉. 浅谈创新初中数学教学方法 [J]. 中国校外教育，2014（26）：74.

[62]李彦芳. 有效培养初中数学创新能力的方法与途径 [J]. 赤子（中旬），2013（11）：316-317.

[63]仇书芹. 探析初中数学创新教学设计的核心问题 [J]. 中国职工教育, 2013（6）：126.

[64]罗红，吕志革. 初中学生数学自主学习及其与数学成绩的关系研究 [J]. 南阳师范学院学报，2009，8（12）：108-111.

[65]邵云鹏. 初中数学应用性问题教学策略的研究 [D]. 上海：上海师范大学，2015.

[66]刘影. 初中生数学应用意识及其培养 [D]. 新乡：河南师范大学，2016.

[67]骆群玲. 培养初中生应用意识的数学作业设计研究 [D]. 重庆：重庆师范大学，2017.

[68]李卫红. 初中数学课堂提升学生应用能力的教学研究 [D]. 烟台：鲁东大学，2014.

[69]胡红芳. 初中生数学应用意识的培养 [D]. 武汉：华中师范大学，2008.

[70]杨雪峰. 初中数学自主学习教学模式的研究与实践 [D]. 苏州：苏州大学，2012.

[71]陈琴. 初中生数学自主学习习惯的调查研究 [D]. 昆明：云南师范大学，2015.